Wie erkenne ich Römische Kunst?

Gondrom

Inhalt

Einleitung 3

Die Architektur 6

Die Skulptur 26

Die Malerei 42

Die Angewandte Kunst 52

Fachausdrücke 62

Bibliographie 63

Museen 63

Register 63

Fotonachweis 64

Genehmigte Sonderausgabe für Gondrom Verlag
GmbH & Co. KG, Bindlach 1991

Autor: Alda Tarella
Idee: Harry C. Lindinger
Zeichnungen: Gerry Valsecchi und Mariarosa Conti
Deutsche Bearbeitung: Gerd Betz
Titelabb.: Südfassade des Konstantinsbogen, Rom
Foto: Claus & Liselotte Hansmann,
Kulturgeschichtliches Bildarchiv
Titel der Originalausgabe:
Come riconoscere l'arte romana
ISBN 3-8112-0748-2

Einleitung

Der Sage nach wurde *Rom* im Jahr 753 v. Chr. von Romulus und Remus gegründet. Die Forschung hat als wahren Kern dieser Überlieferung entdeckt, daß die Gegend von Rom im 8. Jahrhundert v. Chr. besiedelt war, und daß die lose Verbindung von Bauern sich während des 6. Jahrhunderts nach etruskischem Vorbild zu einer städtischen Gemeinschaft zusammenschloß. Die bäuerlich-realistische Grundlage des römischen Staatswesens ist dabei von großer Bedeutung, ebenso die etruskische Komponente.
Der Stadtname Rom ist etruskisch und die ersten Herrscher der Stadt waren ebenfalls etruskische Könige. Der letzte von ihnen wurde im Jahr 510 v. Chr. vertrieben und die *Republik* eingeführt. Die junge römische Republik mußte sich mit den italischen Nachbarstämmen und den Etruskern auseinandersetzen, ebenso mit den plündernden Kelten. Grundlagen der römischen Wirtschaft waren Akkerbau und Handel, während Kriege zur Erweiterung des Territoriums beitrugen und Beute brachten.
In einem harten Existenzkampf unterwarfen die Römer Italien, und im Laufe des 3. Jahrhunderts v. Chr. eroberten sie weitere Gebiete: Sizilien und Sardinien, Spanien und Griechenland sowie im 1. Jahrhundert v. Chr. die restlichen Mittelmeerländer; im Jahr 43 n. Chr. Britannien; 105 n. Chr. Rumänien; 106 n. Chr. Jordanien. Diese Länder wurden als kaiserliche *Provinzen* dem römischen Imperium unterstellt.
Die gewaltige Ausdehnung der Römerherrschaft ging unter einschneidenden Veränderungen vor sich: die republikanische Regierungsform wurde abgelöst, und aus einem Bürgerkrieg ging Augustus, der von 31 v. Chr. bis 14 n. Chr. regierte, als *Imperator (Kaiser)* hervor. Er war der erste einer Reihe von Imperatoren, die sich auf die römischen *Legionen* stützten und damit auch dem Senat und dem Magistrat ihren Willen aufzwangen.
Das römische *Imperium* beherrschte Rom und das westliche Reich bis zum Jahr 476 n. Chr., während sich in *Ostrom* mit der Hauptstadt Konstantinopel das abgespaltene *Byzantinische Reich* bis zum Jahr 1453 behauptete.

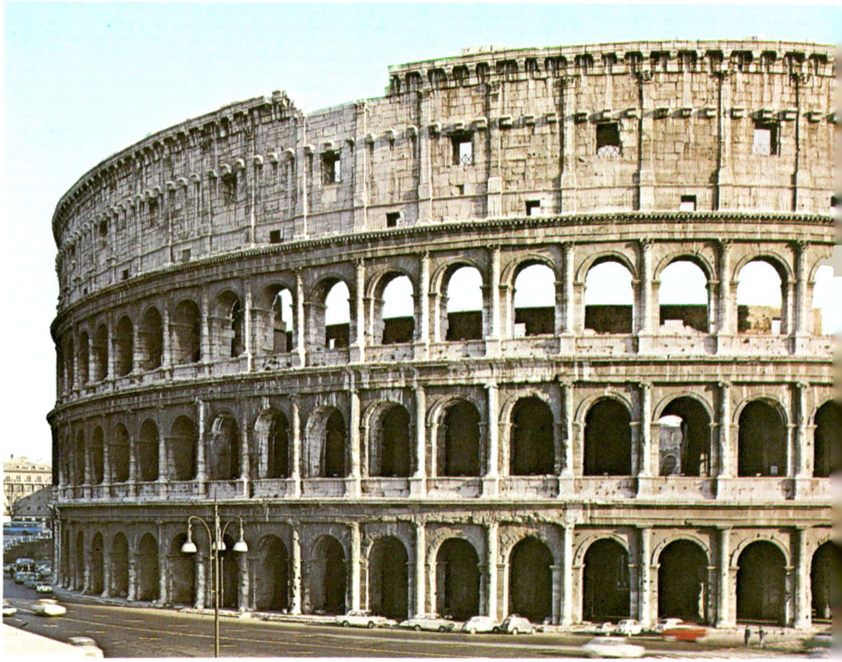

▲ Das *Kolosseum in Rom* wurde im Jahr 80 mit Wettkämpfen von 100 Tagen Dauer eingeweiht. Es ist das bedeutendste erhaltene römische *Amphitheater*. Die Außenfassade aus Travertin ist gemäß den griechischen *Ordnungen* gegliedert: das Erdgeschoß in der aus der dorischen Ordnungen abgewandelten *tuskanischen*, darüber die ionische und die korinthische Ordnung. Die abschließende *Attika* zeigt korinthische Pilaster.

Das römische Imperium kam durch sein Expansionsstreben in engen Kontakt mit den kulturell überlegenen *Griechen*. Die realistischen Römer eigneten sich für ihre eigenen Zwecke die Errungenschaften der griechischen Kultur an. Sie begegneten ihr im etruskischen Bereich, in den griechischen Kolonien (Großgriechenland) in Süditalien und Sizilien, vor allem in Griechenland selbst und in Kleinasien. Seit dem zweiten vorchristlichen Jahrhundert strömten griechische Künstler nach Rom, wo es viele Aufträge gab. Doch waren ihre Auftraggeber die traditionsbewußten Römer, und so paßten sie sich den älteren örtlichen Überlieferungen an.
Es ist typisch für die Bauwerke oder Kunstwerke, die unter römischer Herrschaft entstanden, daß sie häufig Ideen verschiedener Herkunft verarbeiten. Die Römer waren nüchterne Realisten. Wichtig für das Verständnis römischer Kunst ist daher die Beachtung der unterschiedlichen griechischen, italischen und regionalen Vorbilder, die von den Römern für ihre eigenen Zwecke verarbeitet wurden.

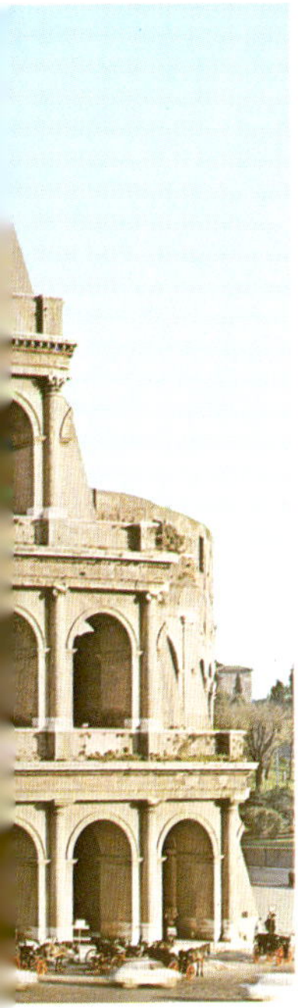

▼ *Steinreliefs,* meist aus *Marmor,* waren in römischer Zeit beliebt. Sie dienten zum Schmuck von Bauwerken, Altären und Grabsteinen. Dargestellt wurden die Götter, wichtige historische Ereignisse oder Szenen des täglichen Lebens. Dieser Ausschnitt zeigt die geschmückten Opfertiere eines öffentlichen Opfers: Schwein, Schaf, Stier. Lateinisch wurde es *Suovetaurilia* genannt.

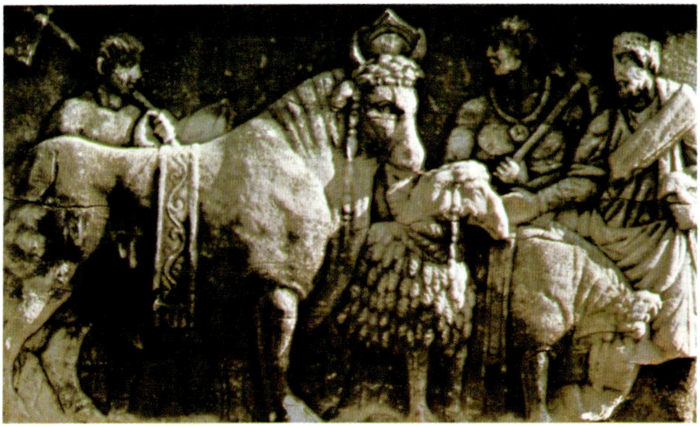

▶ Das *Bodenmosaik* mit figürlichen Szenen erlebte zur römischen Kaiserzeit eine besondere Blüte. Es wurde aus kleinen farbigen Steinwürfeln zusammengesetzt, die in Zement eingebettet wurden. Es war nicht nur in Rom beliebt, sondern ebenso in den Provinzen. Häufig wurden *Zirkus- und Jagdszenen* dargestellt. Dieser Ausschnitt aus einem spanischen Beispiel des 3. Jahrhunderts zeigt ein *Viergespann (Quadriga)* beim Wettrennen.

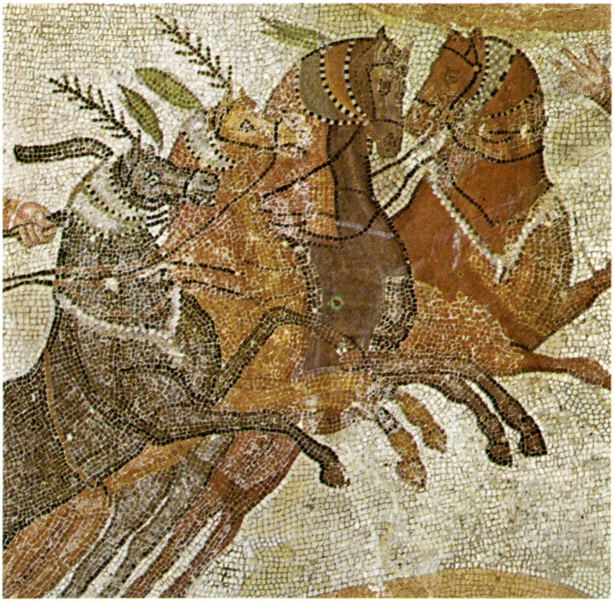

Die Architektur

▼ Der *römische Tempel* hat üblicherweise einen Rechteckgrundriß. Er steht auf einem *Podium* und hat eine große Haupthalle (*Cella*), die innen unterteilt sein kann. Sie enthält die Götterstatuen. Der Tempel hat ein Ziegeldach mit einem Giebel an jeder Schmalseite. Die Säulen der Eingangshallen wiederholen sich rings um den Tempel als Halbsäulen oder Pilaster. Die Abbildung zeigt die Tempelrückseite. Zum Eingang führt vorn eine *Freitreppe* empor. Davor stand im Freien der Altar.

Die materiellen Voraussetzungen für die Baukunst waren unter römischer Herrschaft günstig. Der Auftrag zum Bauen ging sowohl vom Staat als auch von wohlhabenden Privatleuten aus. Die Wahl des Baumaterials wurde durch örtliche Gegebenheiten bestimmt, der Transport war oft schwierig. In den traditionell griechischen Gebieten des östlichen Mittelmeerraumes und in Süditalien gab es eine bedeutende Tradition der *Steinbaukunst.*

Die Römer verwendeten weiterhin die griechischen *Ordnungen,* doch während das griechische Bauen vom organi-

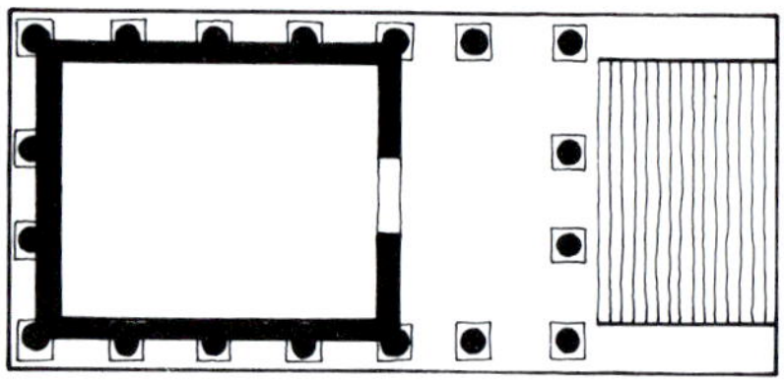

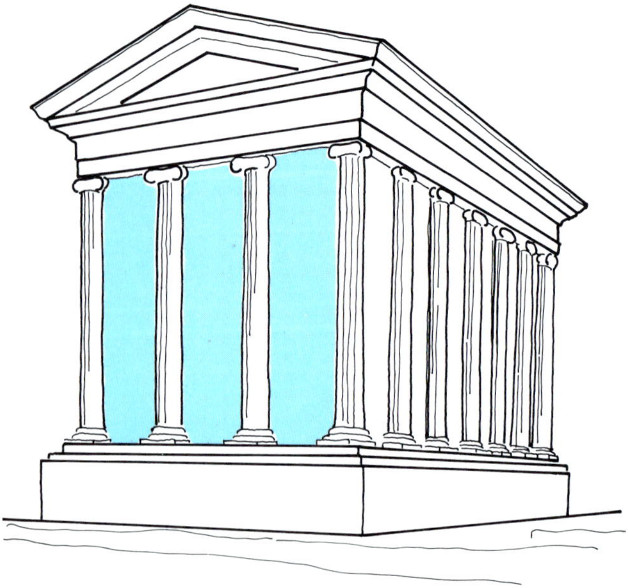

▲ Der *Grundriß* eines typischen römischen Tempels zeigt, daß er zahlreiche Elemente der älteren italischen Tradition übernahm: Den Zugang über eine breite *Freitreppe* an der Front, die tiefe, von Säulen getragene Vorhalle, die Haupthalle (Cella), die beinahe bis an die Kanten der Tempelplattform reicht.

▼ Dieser *Tempel* aus der Mitte des 1. Jahrhunderts stellt eine typische Mischung griechischer und römischer Elemente dar. Als Baumaterial sind Tuff und Travertin verwendet. Die Cella bildet einen geschlossenen Würfel, die ionischen Halbsäulen sind dekorativ vorgeblendet.

schen Zusammenhang der Bauglieder ausging, war es den Römern vor allem um die *dekorative Wirkung* zu tun, entsprechend setzten sie die griechischen Elemente vorwiegend am Außenbau ein. Im *hellenistischen Bereich* blühte unter römischer Herrschaft eine dekorativ bereicherte Architektur auf, in Ephesus in Kleinasien, im syrischen Palmyra, in Baalbek (Heliopolis) im Libanon, in Jerasch (Gerasa) in Jordanien, sowie an den Küsten Nordafrikas.

Die eigentliche Revolution des Bauens vollzog sich in Mittel- und Norditalien. Auch hierher waren griechische Einflüsse gelangt, jedoch den örtlichen Traditionen angepaßt worden.

Für den *Tempelbau* wurde der griechische Typus mit der

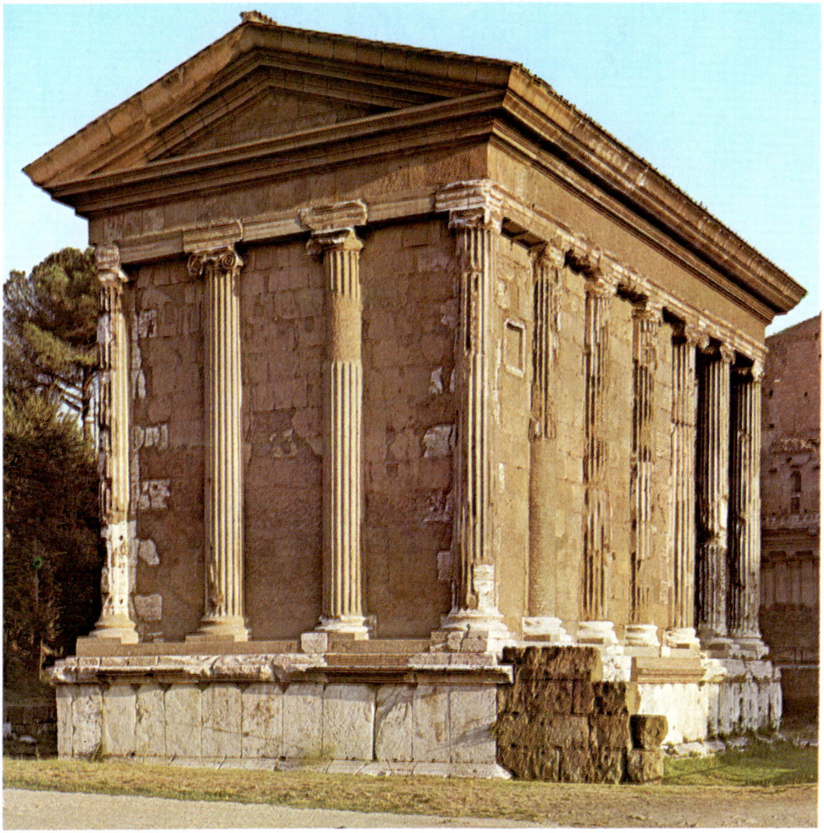

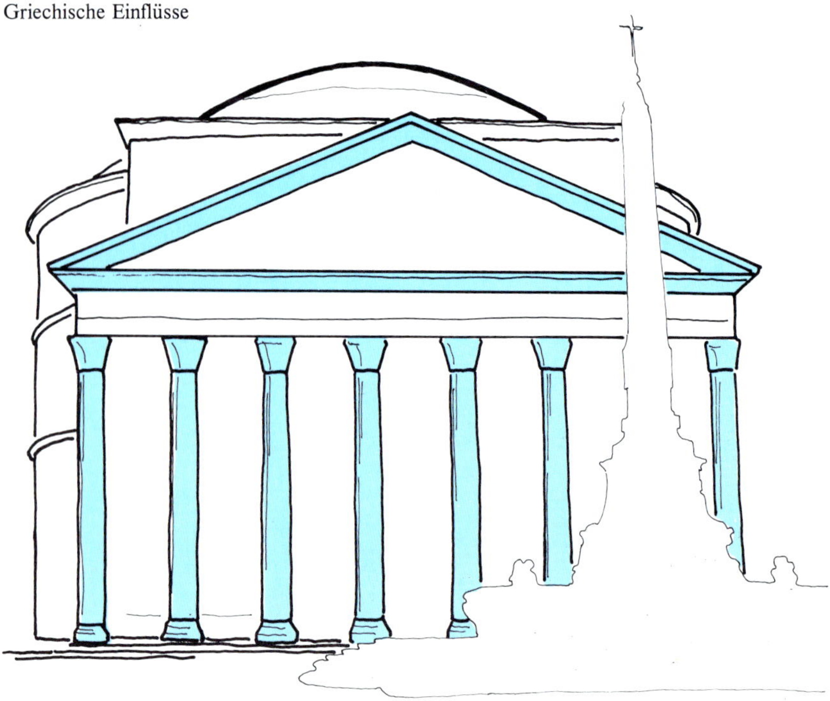

▲ Die Römer schätzten imposante Frontalansichten. Mit Vorliebe verwendeten sie griechische Formen, die abgewandelt wurden. Die traditionelle *Säulenvorhalle* mit Giebeldach wird hier von 8 mächtigen Säulen getragen. Das Bauwerk dahinter besteht jedoch aus Backstein und italischem Gußmauerwerk (Beton).

Haupthalle, dem umgebenden Säulengang und dem Giebel an beiden Schmalseiten im Prinzip übernommen, jedoch abgewandelt. Die *Cella* wurde als großer – mitunter dreigeteilter – Raum mit tiefer Säulenvorhalle, *Atrium,* auf einem *Podium* angelegt. Als Baumaterial dienten häufig Backsteine und Holz. Die Ornamentformen waren griechisch, doch meist aus *Terrakotta* (gebranntem Ton) geformt. Die Wohnhäuser entsprachen diesem Typus, *Gräber* wurden häufig unterirdisch angelegt. Diese Bauweise hatte ihre Traditionen im *etruskischen* Bereich. Hier kam ein neues Verfahren zur Anwendung, bei dem ein Mantel kleiner Steine einen Mauerkern aus Lehm oder Stein-Mörtel-Gemisch verschalte. Diese Konstruktionsweise war entwicklungsfähig. Je mehr die Römer jedoch unter den Einfluß der überlegenen griechischen Kultur kamen, um so mehr legten sie Wert auf das griechische Aussehen ihrer Bauwerke. Eine Errungenschaft der griechischen Bautradition war die meisterliche *Steinbearbeitung*, und daher sollten auch die römischen Bauwerke – unabhängig von

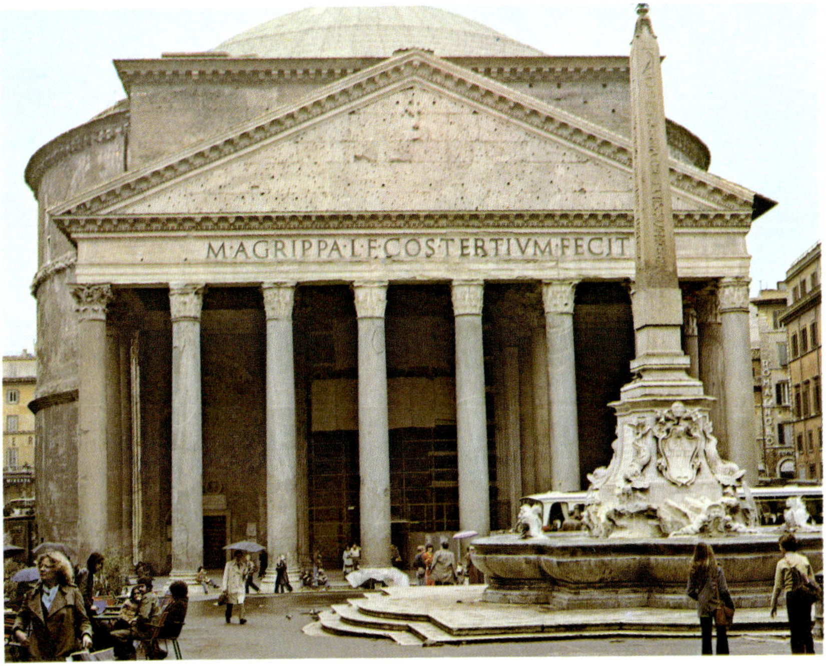

▲ Das *Pantheon in Rom*. Die Bauinschrift über der Vorhalle erinnert an den Staatsmann Agrippa, der zur Zeit des Augustus lebte, doch wurde der Rundbau dahinter zur Zeit Hadrians um 126 n. Chr. wieder hergestellt. Im Jahr 609 wurde das Pantheon in eine christliche Kirche umgewandelt, was seine vortreffliche Erhaltung erklärt.

ihrer inneren Beschaffenheit –das Aussehen solider Steinbauwerke bekommen. Andererseits hatte man in den vulkanischen Gebieten Zentralitaliens die Entdeckung gemacht, daß bestimmte vulkanische Substanzen, wenn sie mit Wasser vermischt werden, einen steinharten Zement ergeben. Dieses Baumaterial ließ sich anstelle von Werkstein bestens verwenden. Zur Verkleidung wurden kleine Steine oder (seit dem 1. Jahrhundert) Ziegelsteine benutzt. Diese Bauweise diente für Fußböden, Wände und Bedachungen aller Art. Es ließen sich damit Formen und Ausmaße erreichen, die mit konventionellen Mitteln und dem reinen Steinbau nicht bewältigt werden konnten, da dieses betonartige *Gußmauerwerk* eine unvergleichliche Festigkeit, Tragfähigkeit und Dauerhaftigkeit hat. Einerseits bestand also in Italien die Neigung, die hellenistischen Formen aufzunehmen, andererseits konnte man sich einer neuen Bauweise bedienen. Sie ermöglichte größere Spannweiten und ersparte zudem Zeit und Geld. Man mußte nun nicht mehr ganze Tempel und Paläste aus Marmor

▼ Das *Pantheon in Rom* zeichnet sich durch reiche Innendekoration aus. Der untere Teil der Rotunde ist innen durch tiefe Nischen gegliedert. Säulen und Pilaster tragen das Gebälk. Dann folgt eine breite Sockelzone mit Marmordekoration und fensterartigen Öffnungen. Die Kuppel ist mit quadratischen, getreppten *Kassetten* geschmückt.

bauen, sondern konnte sich mit deren wirkungsvoller Verkleidung begnügen. Die Möglichkeiten der Kombination waren groß: in Italien wurden häufig Bauwerke aus Travertin oder Tuff errichtet, ebenso solche aus Gußmauerwerk, die nun mit Marmor oder Stuck verkleidet wurden, um ihre Ansehnlichkeit zu steigern. Der Stuck ließ sich wiederum bearbeiten, solange er frisch war. Man konnte Ornamente herausarbeiten und durch Fugen eine blockhafte Mauergliederung vortäuschen. Die Verwendung des Gußmauerwerks ermutigte die Architekten dazu, Bauformen zu entwickeln, die der hellenischen Tradition fremd waren. Eine große Errungenschaft war vor allem die *Wölbung* (Kuppeln, Tonnen, Kreuzgewölbe), die in zuvor ungeahnten Dimensionen mit Hilfe des Betons ausgeführt werden konnte. Dächer, Laufgänge, Stützkonstruktionen wurden nun großzügig bemessen, und die römischen

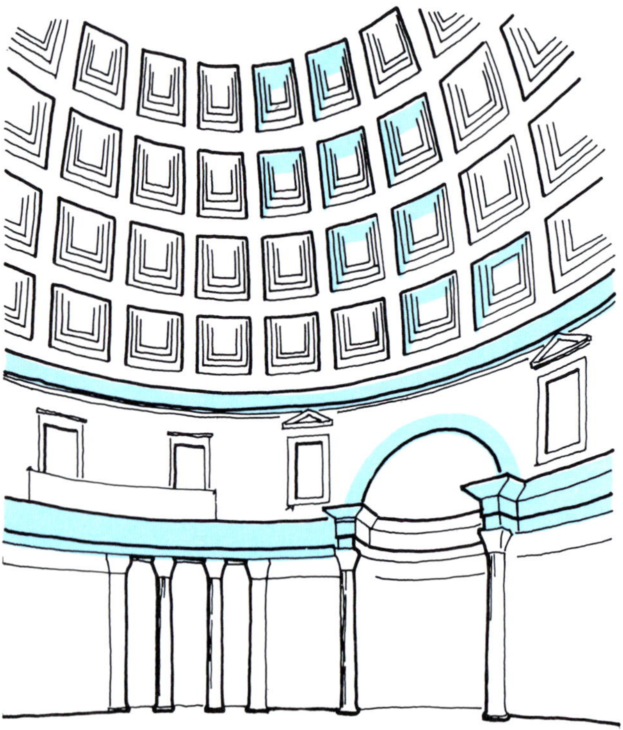

▶ Das *Pantheon in Rom,* die großartigste Lösung eines freistehenden Kuppelbaus, basiert trotz seiner reichen Dekoration auf einfachen Proportionsverhältnissen: Die Höhe vom Boden bis zum Scheitel beträgt 43,40 m. Sie entspricht dem Durchmesser der Rotunde. Das Licht fällt aus einer einzigen Rundöffnung am Kuppelscheitel mit einem Durchmesser von 8,74 m. Die Dekorationselemente der korinthischen Ordnung entstammen dem griechischen Formenschatz.

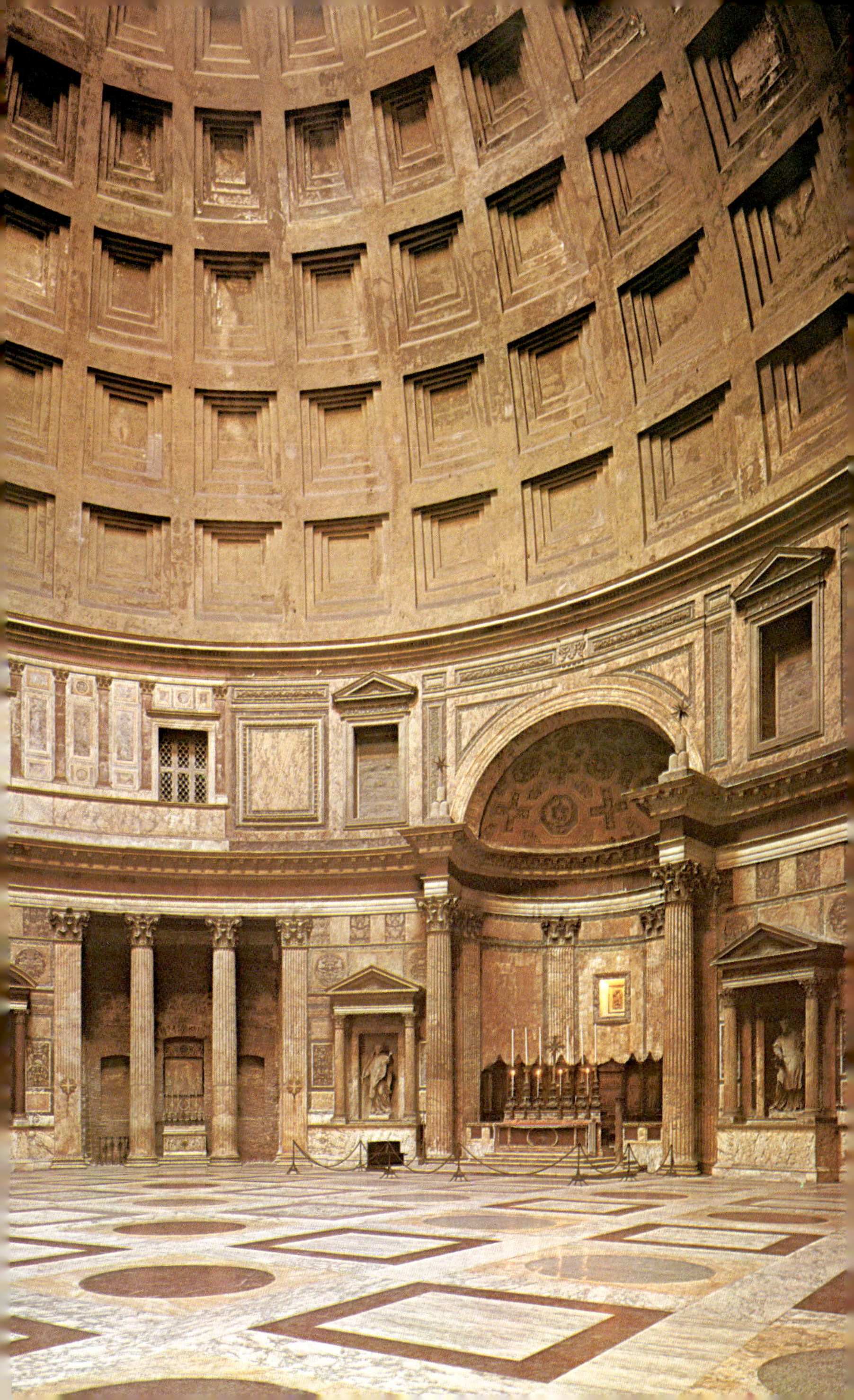

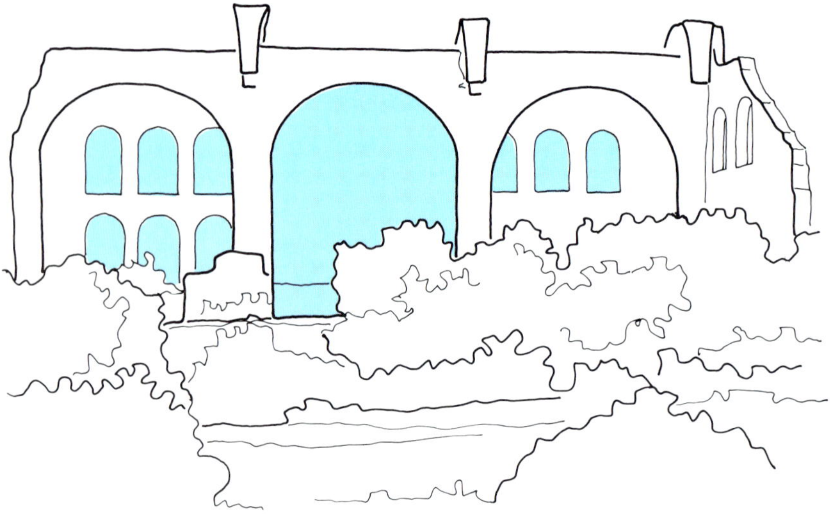

▲ Die Römer entwickelten eine Massivbauweise mit betonartigem Gußmauerwerk, das aus Bruchsteinen und Mörtel bestand. Die *Maxentiusbasilika in Rom*, die zwischen 307 und 313 errichtet wurde, war eine dreischiffige, längsorientierte Basilika. Die 48 m hohen Kreuzgewölbe des Mittelschiffes wurden mit Hilfe hölzerner Stützkonstruktionen nacheinander errichtet. Die Kreuzgewölbe der monumentalen Thermenanlagen dienten als Vorbild.

Architekten und Ingenieure nutzten Gußmauerwerk und Wölbung für zahlreiche Vorhaben wie Wasserleitungen, Bäder und Arenen. Der römische Geschmack tendierte zu größerem Aufwand im Inneren und am Außenbau. Unter römischer Herrschaft nahm auch im griechischen Osten diese Tendenz zu. Ihre höchste Entfaltung fand sie jedoch in der Hauptstadt selbst und in ihrem Einflußbereich. Hier wurden die dorische, ionische und korinthische Ordnung weiterhin angewendet. Besonders beliebt war die *korinthische Ordnung* aufgrund ihrer üppigen Vielfalt. Hinzu kam die *tuskanische Ordnung* als Variante der dorischen sowie die *Kompositordnung* als Kreuzung zwischen der ionischen und der korinthischen. Es herrschte eine Vorliebe für farbige Marmorsäulen. Die reliefierten Bauglieder aus Marmor und Stuck wurden nun vermehrt und bereichert. Die Konstruktionen aus Gußmauerwerk wurden mit einer Haut aus kleinen, netzartig angeordneten Steinen bedeckt, ebenso wurden geometrische Muster aus Ziegelsteinen üblich. Die Verkleidung durch Marmorplatten oder Stuck kam ebenso vor. Es gab zahlreiche Kombinationsmöglich-

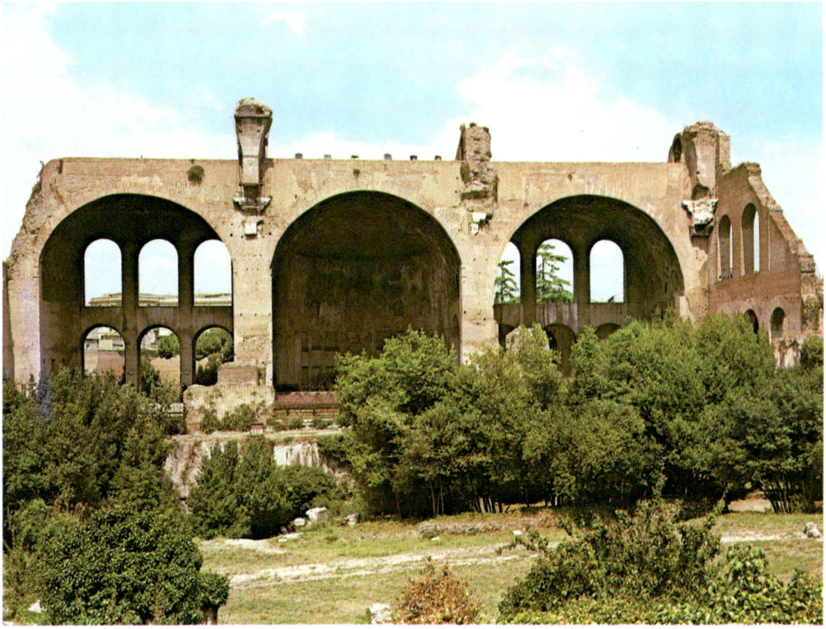

▲ Die *Basilika* war eine große Hallenanlage, mit einem Hauptschiff und Seitenschiffen. Sie diente als Gerichtshalle und Versammlungsraum. Die Ruinen der *Maxentiusbasilika in Rom* stammen von der größten römischen Basilika, die Maxentius begann und Konstantin nach seinem Sieg vollenden ließ. Sie überbaute eine Fläche von 6 000 m². Das 25 m breite Hauptgewölbe wurde von ebenso großen Seitenschiffen und einer halbrunden Apsis flankiert.

keiten, oft ließ man auch Haustein und Ziegel unverkleidet stehen. Ihrem Dekorationsgeschmack frönten die Römer jedoch am meisten bei den *Innenausstattungen,* wo es die verschiedensten Anwendungsmöglichkeiten gab. Die Fußböden konnten reich mit *Mosaik* geschmückt werden, das sich aus Steinen und Marmor zusammensetzte und geometrische Muster und ganze Bildkompositionen ergab. Die *Wände* ließen sich mit Marmorplatten und farbigem Stuck dekorieren. Die *Wandmalerei* oder auch (seit dem 1. Jahrhundert v. Chr.), das *Wandmosaik* mit figürlichen Szenen und reichem Ornament (siehe Abb. S. 49) kamen auf. Die *Decken* und *Wölbungen* wurden oft bemalt oder mit reizvollem, farbigem *Stuck* ausgestattet. *Statuen* wurden zum Schmuck von Wänden und als Freiplastik eingesetzt.

Der römische Sinn für eine zusammenfassende Ordnung führte auf dem Gebiet der Architektur zu einer gewissen Standardisierung der *Bautypen,* doch hatten auch darauf die lokalen Traditionen Einfluß.

Eine Säule der römischen Staatsordnung waren die Legio-

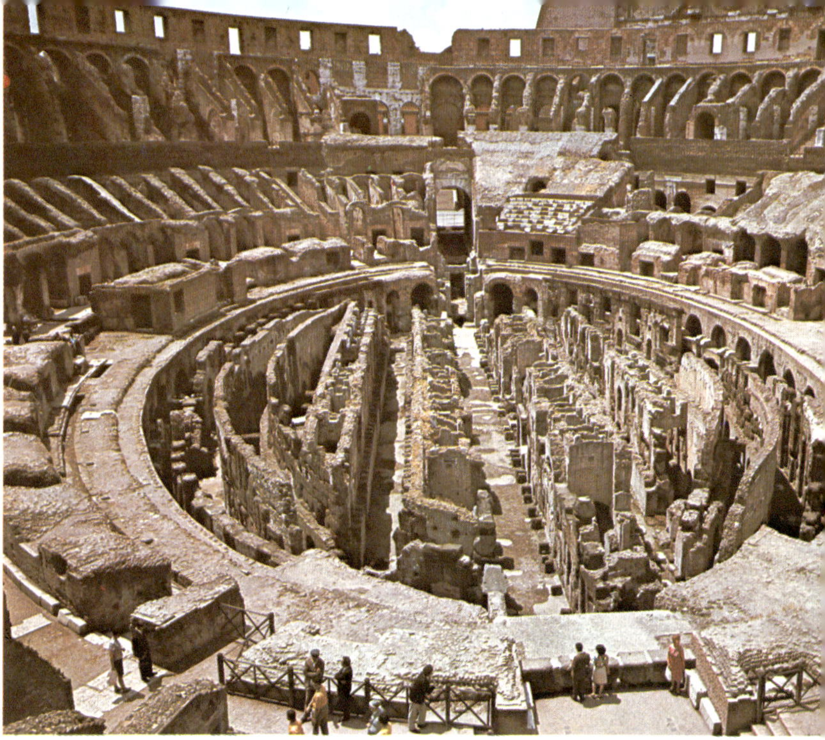

▲ Das *Kolosseum* in Rom, das flavische *Amphitheater,* war eine Meisterleistung der römischen Architekten. Seine Fundamente, Außenmauern und inneren Stützen waren aus Travertin, während die Wölbungen aus Gußmauerwerk bestanden. Konzentrische Umgänge ermöglichten den Zugang zu den Rängen, ebenso Treppenanlagen. Das Amphitheater faßte 50 000 Zuschauer. Unter dem Boden der Arena befanden sich Lagerräume.

nen, deren *Militärlager* und *Befestigungen* nach einheitlichen Gesichtspunkten an allen Grenzen des Reiches angelegt wurden. Das *Lager* hatte einen Rechteckgrundriß, mit rechtwinklig sich schneidenden Hauptachsen und dem Befehlsstand im Zentrum. Das Baumaterial konnte Gußmauerwerk, Stein oder Ziegel sein, ebenso Holz. Die römischen *Kastelle* waren durch Straßen miteinander verbunde, ebenso dienten Wachttürme dem Überblick. In unruhigen Grenzländern wurde das Befestigungssystem durch Mauern, Wall und Graben verstärkt, wie am süddeutschen *Limes* oder am *Hadrianswall* im nördlichen England. Die *Städte* erhielten ebenfalls eine *Befestigung* mit Mauern, Türmen und Toren. Die dicken Wälle hatten oft einen Kern aus Gußmauerwerk und eine Backsteinverkleidung, wie die Mauer, die Kaiser Aurelian zum Schutze Roms in den Jahren 271–281 anlegen ließ. Die römischen Soldaten und Ingenieure legten die verschiedensten Bauwerke im weiten römischen Imperium an: feste Straßen, Brücken und Aquädukte (Abb. S. 18–19), die sowohl zweckmäßig als formschön sind.

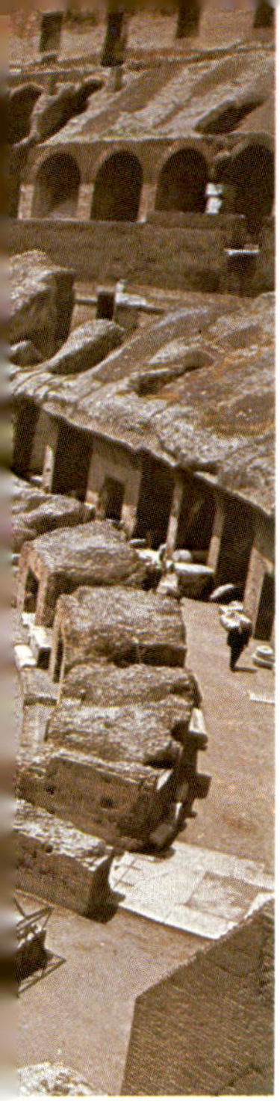

◀ ▼ Die Ovalform des *Amphitheaters* stellt eine Verdoppelung der halbkreisförmigen Theateranlage dar. Die Sitzordnung war zugleich eine Rangordnung. Die besten Plätze lagen am dichtesten an der Arena. Die Zuschauer waren durch eine Abschrankung geschützt. Ein kompliziertes System von Treppen und Korridoren sorgte für den reibungslosen Bewegungsablauf. Zur römischen Zeit waren Gladiatorenkämpfe und blutige Tierhetzen sehr beliebt, im Gegensatz zur griechischen Tradition. „Brot und Spiele" waren in römischer Zeit ein bewährtes Rezept zur Beherrschung der unruhigen Volksmassen.

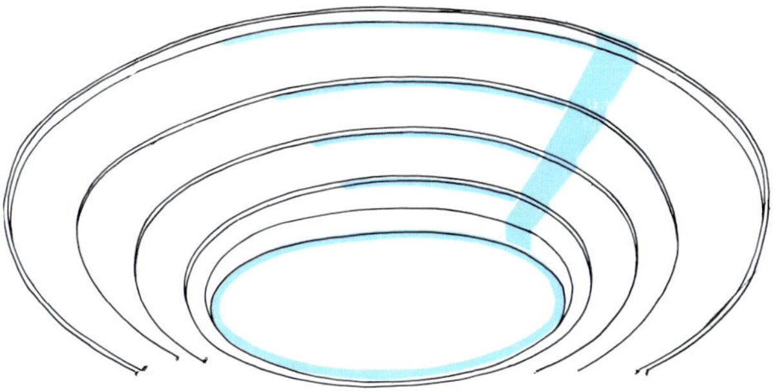

Innerhalb der römischen *Stadt* setzte sich ebenfalls das Streben nach Standardisierung durch. Schon im griechischen Osten hatte es regelmäßige Stadtanlagen gegeben, und die römische Stadtanlage schloß mit Vorliebe an das römische Militärlager an: zwei Hauptstraßen bildeten die Hauptachsen, die sich im rechten Winkel schnitten. Die eine, *cardo,* verlief von Nord nach Süd, die andere, *decumanus,* von Ost nach West. Sie trafen sich am zentralen Marktplatz oder *Forum,* und ihr Zugang war durch Tore gesichert. Dieser Plan ließ sich nicht auf die uralten Städte anwenden, die mehr oder minder zufällig gewachsen waren wie Athen oder Rom selbst. Wo allerdings neue Stadtviertel angelegt werden sollten oder gar eine Neugründung in Betracht kam, wurde dieses Schema zugrundegelegt. Noch heute läßt sich diese Anlage an früh schon zerstörten oder verlassenen Gründungen feststellen wie Pompeji, Timgad (Algerien), Ephesos (Kleinasien) oder Jerasch (Jordanien), und die römische Stadtplanung läßt sich noch bis heute stellenweise in modernen Städten nachweisen wie in London, Chester, Damaskus, Regensburg, Nîmes.

Einzelne Bautypen wurden ebenfalls standardisiert. Es lassen sich zwei Hauptgruppen unterscheiden: zur einen Gruppe gehören solche, die auf die ältere – griechische – Bautradition zurückgehen, die andere besteht aus Neuprägungen. Großen Einfluß gewann der *Architekturtraktat* des Vitruv, der um 25 v. Chr. in augusteischer Zeit geschrieben wurde. Er ist eine wichtige Quelle für die Kennt-

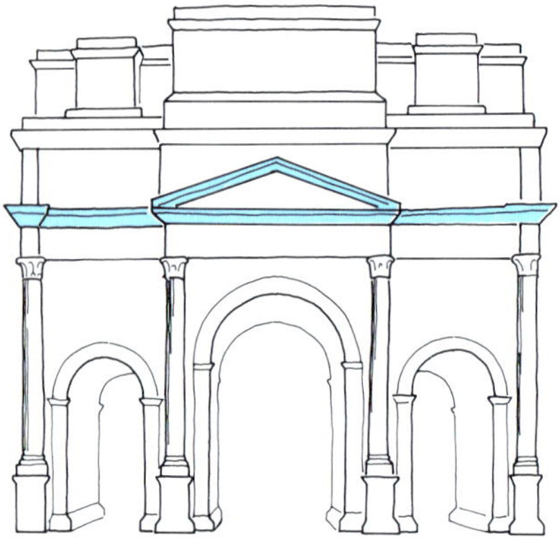

◀ Die Römer errichteten seit dem 2. Jahrhundert v. Chr. monumentale *Triumphbogen* aus Stein, die reich mit propagandistischen Reliefs geschmückt wurden. Sie standen an Hauptstraßen und hatten meist drei Durchgänge.

▼ Dieser detailreich geschmückte *Triumphbogen* wurde in Arausio (Orange) in der Provence errichtet. Seine Inschrift belegt die Entstehung in der Zeit des Kaisers Tiberius, zwischen 21 und 27 n. Chr. Ein frühes Beispiel des Typus mit drei Durchgängen.

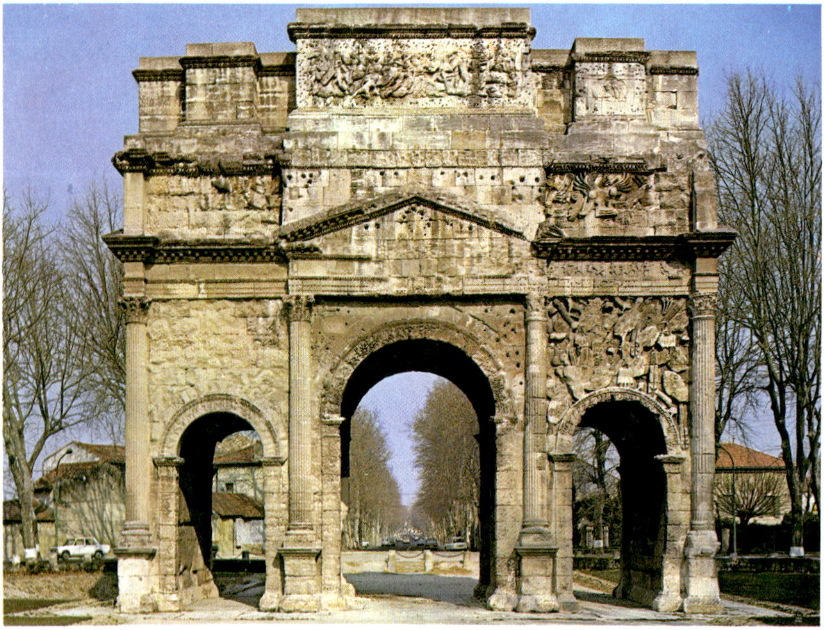

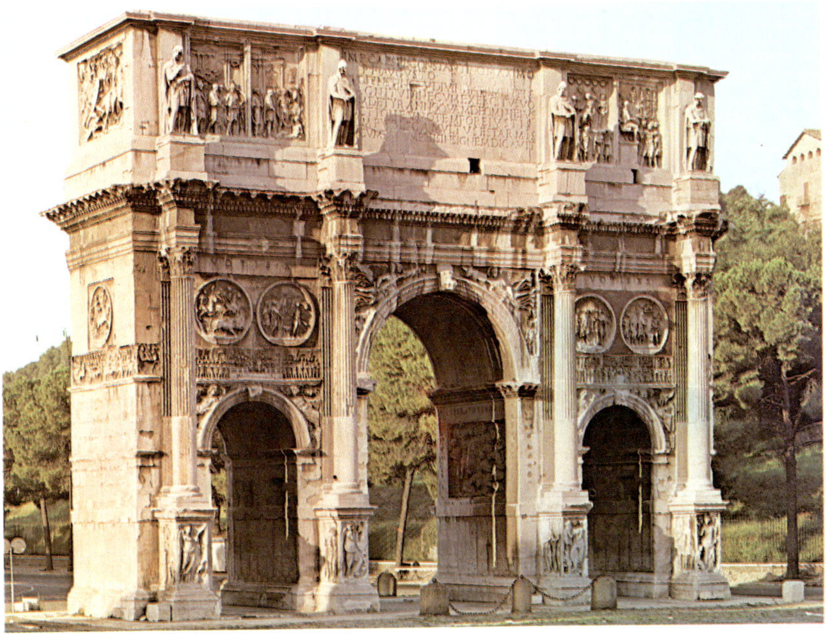

▲ Der *Konstantinsbogen in Rom* wurde im Jahr 315 fertiggestellt. Er wurde gegenüber vom römischen Kolosseum errichtet, um den Sieg Konstantins über seinen Rivalen Maxentius zu verewigen. Zahlreiche seiner Reliefs stammen ursprünglich von älteren Monumenten, so aus der Zeit Trajans, Hadrians und Marc Aurels. Konstantin wies sich damit als Erneuerer des Imperiums aus und fügte Reliefs hinzu, die seinen Triumph verherrlichen.

▶ Der *Triumphbogen* zeigt das gängige Schema mit dem höheren Mitteldurchgang und den niedrigeren seitlichen. Der Außengliederung dienen monumentale korinthische Säulen auf hohen Sockeln. Die Attika enthält die Stifterinschrift und seitliche Reliefs.

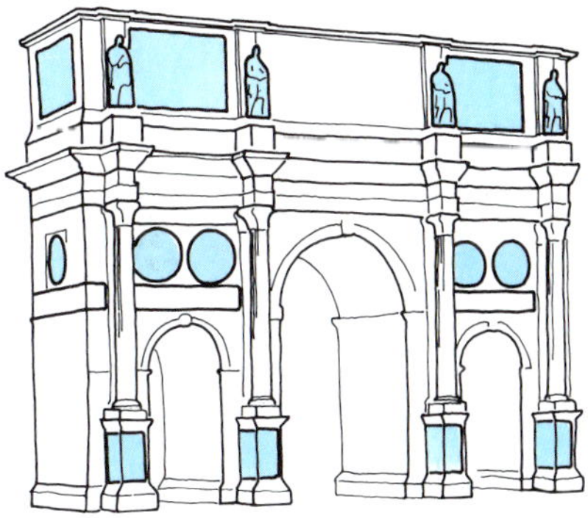

nis der römischen Baukunst und Architekturtheorie. Er gibt Aufschluß über die Entwicklung, die sich auch aufgrund der archäologischen Funde nachweisen läßt.

In Italien war es seit frühen Zeiten üblich, im Kern einer Ansiedlung einen etwa rechteckigen Raum freizulassen, der sich als Markt- (Forum) und Versammlungsplatz eignete. Um diese Mitte gliederten sich die Tempel und Verwaltungsgebäude. Bei zunehmendem Wohlstand einer Ge-

▼ Der *Pont du Gard* in der Provence, ein römischer Aquädukt, stammt aus dem 1. Jahrhundert v. Chr. Er trug die Wasserleitung über das Flußtal des Gard bei Nîmes. Er hat eine Höhe von fast 50 m. Das monumentale Bauwerk zeigt die meisterliche römische Steinmetzkunst einer griechisch bestimmten Tradition. Der römische Zweckbau verzichtet auf Dekoration, überzeugt jedoch durch die großartige Schlichtheit seiner Konstruktion.

meinde wurde auch ihr Forum prächtiger ausgestaltet. Dies gilt vor allem für die Hauptstadt *Rom* selbst. Julius Caesar, Augustus, Vespasian, Domitian, Nerva und schließlich Trajan (98–117) trugen wesentlich zur Verschönerung der Stadt bei. Sie ließen überfüllte Stadtviertel abreißen und an deren Stelle ausgedehnte *Fora* von kaiserlichem Anspruch anlegen. Das Gußmauerwerk, aus dem die Bauwerke im Kern bestanden, wurde unter Marmorverkleidung verborgen und durch ausgedehnte Kolonnaden bereichert. Es entstanden riesige symmetrische Anlagen, Tempel, Basiliken (Gerichtshallen) und Gärten.

Die *Tempel* der römischen Kaiserzeit folgten einem konservativen Schema: der altitalische Tempel wurde auf einem Podium errichtet, das von der Front her durch eine breite Freitreppe zugänglich war. Er hatte eine tiefe Säulenhalle und sein Hauptraum, die *Cella,* war ebenso breit wie das Podium. Er war außen mit Halbsäulen oder Pilastern geschmückt. Dieser Typus fand seit dem 1. Jahrhundert überall im römischen Imperium Verbreitung. Doch im Westen, wo nur die Säulen und die Außenverkleidung

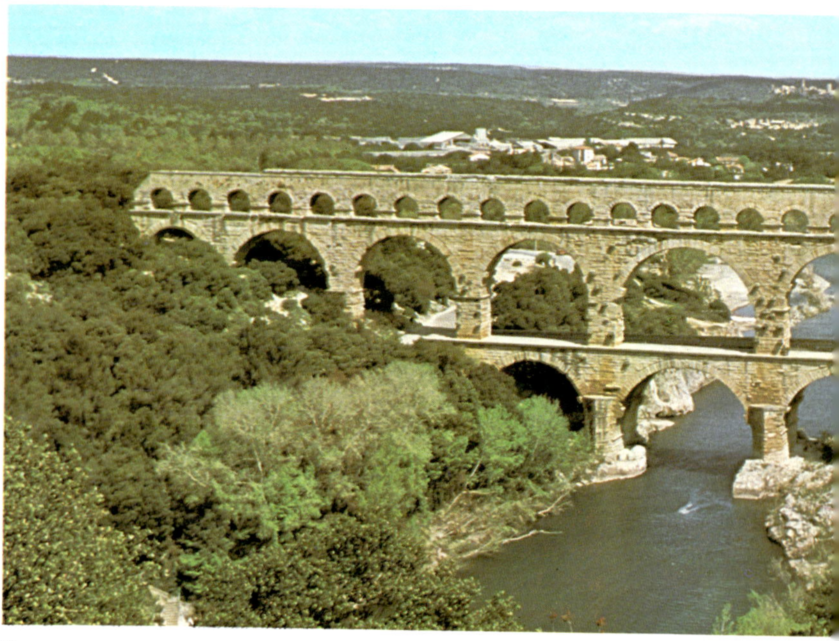

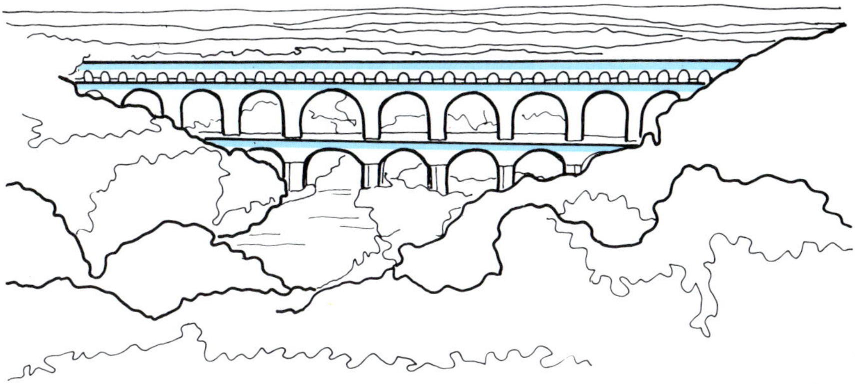

▲▼ Die Wasserleitung verläuft im obersten, 275 m langen Arkadengeschoß dieser monumentalen Brückenkonstruktion. Sie war erforderlich, um das Niveau beider Ufer des tief eingeschnittenen Flusses zu verbinden. Die römische Ingenieurbaukunst war funktional und verzichtete auf schmückendes Beiwerk. Als Baumaterial wurde das Gestein der Gegend verwendet. Die Blökke wurden ohne Mörtel zusammengefügt und durch eiserne Klammern verbunden. Die Errichtung von Bauwerken zum Nutzen der Allgemeinheit gehörte zu den Aufgaben der Befehlshaber.

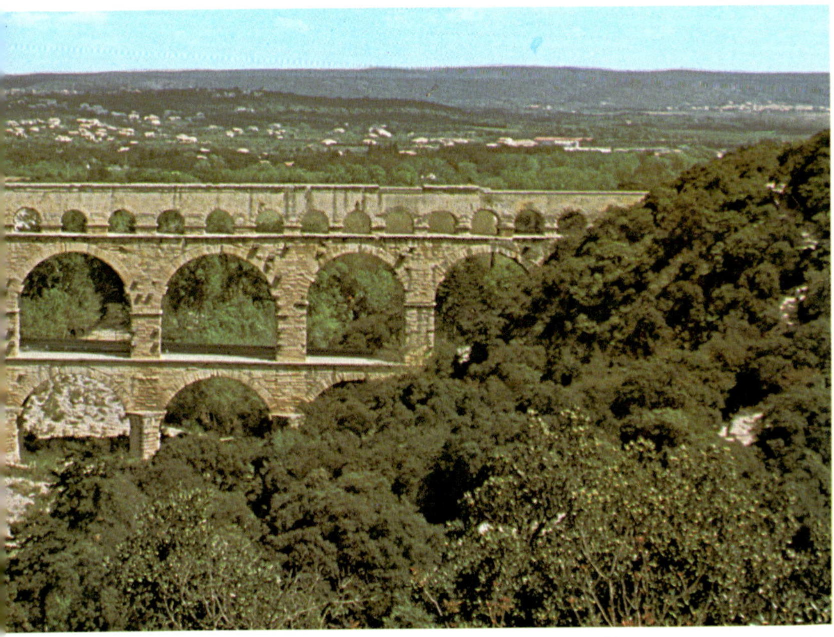

meist aus Marmor waren, wurde der eigentliche Baukörper aus *Gußmauerwerk* errichtet. Dieses fortschrittliche Verfahren wurde am *Pantheon in Rom* angewandt, das unter Hadrian (117–138) wieder erbaut wurde (Abb. S. 8–11). Hier wurde eine Bauform, die in dieser Spannweite erst durch das Gußmauerwerk ermöglicht wurde, die *große Kuppel,* zur Einwölbung des runden Hauptraumes benutzt. Der geschlossene Innenraum, der dadurch zustandekam, ist faszinierend, doch wurde die kühne Konstruktion im Außenbau durch die Vorhalle mit Giebel und den Querbau verborgen.

Die griechische Grundform des *Theaters* war gegeben, doch entwickelte es sich nun als selbständige Architektur.

▼ Der Grundriß zeigt ein römisches Wohnhaus, wie wir es in *Pompeji* antreffen. Das *Atrium* war ein Kernstück des Hauses. Der Zugang erfolgte durch einen schmalen Korridor. Manche Häuser hatten im hinteren Teil einen von Säulenumgängen umgebenen Gartenhof.

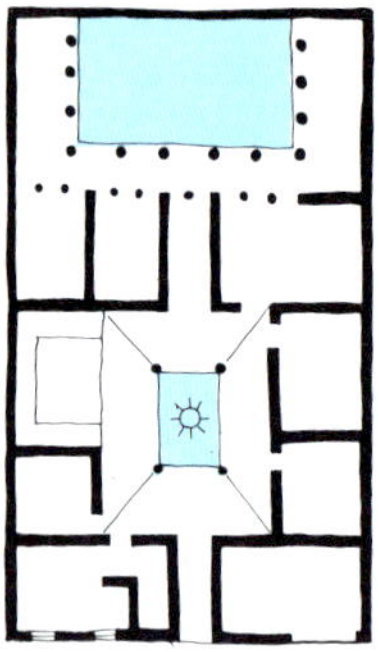

▶ Dieses *Wohnhaus in Pompeji* wurde im 2. Jahrhundert v. Chr. erbaut und durch den Vulkanausbruch des Jahres 79 n. Chr. verschüttet. Der Blick geht hier vom Eingang in das *Atrium* mit seinem offenen Dach, unter dem sich die Zisterne (*Impluvium)* befindet. Die Säulen sind korinthisch, die Wände mit Malerei geschmückt. Im Hintergrund der *Gartenhof (Peristyl).*

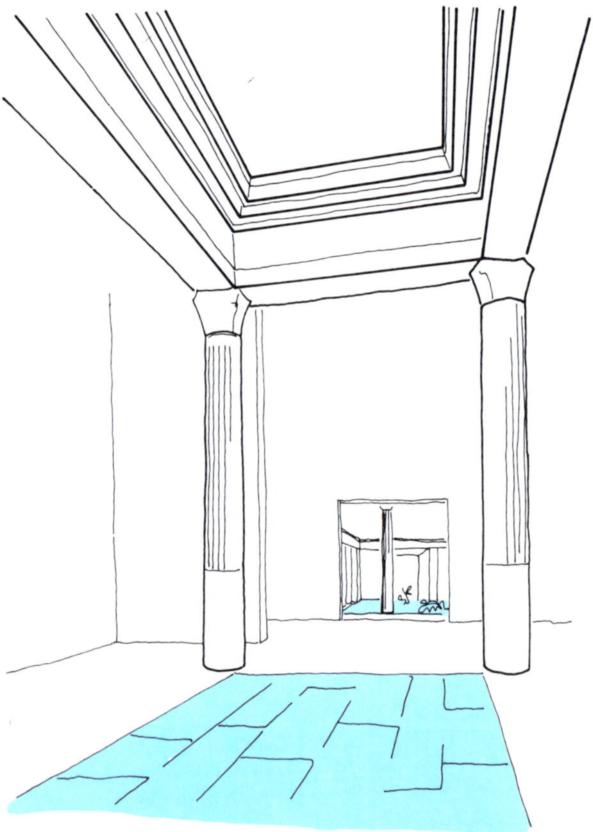

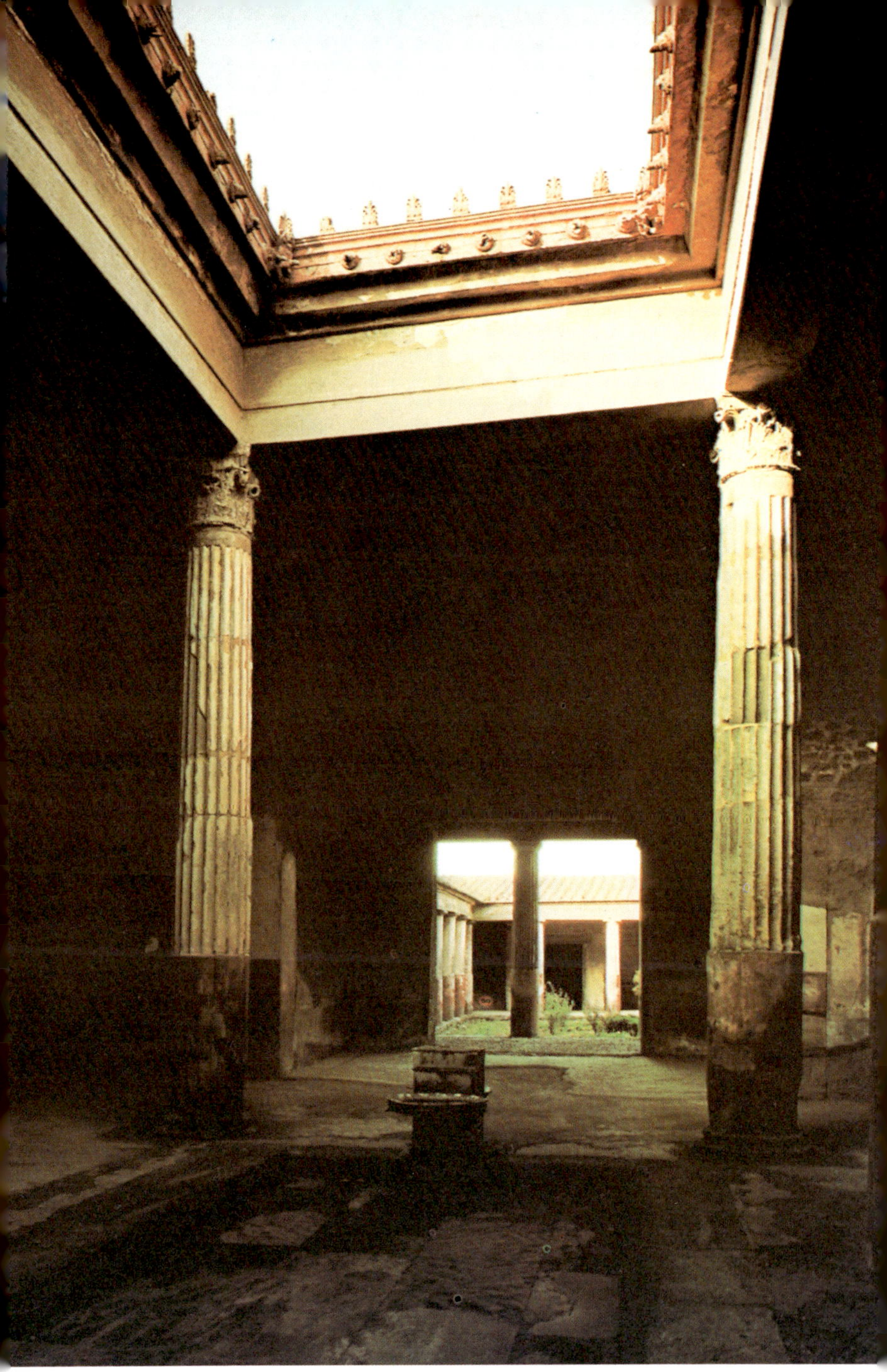

Die Zuschauerränge wurden im Halbkreis gebaut, die Bühnenrückwand hoch hinaus gezogen und mit Ziersäulen und Nischen gegliedert. Die tragenden Konstruktionen wurden in *Gußmauerwerk* gewölbt.
Die *Wohnhäuser* im griechischen Osten waren um einen inneren *Säulenhof*, das *Peristyl*, gegliedert. Die italischen Häuser hatten entsprechend einen kleinen, von Säulen umgebenen Hof, das *Atrium*. Der Grundriß mit einem Eingangskorridor und dem Speisezimmer, *Tablinum*, hinter dem Atrium unterschied sich jedoch. Seit dem 2. Jahrhundert v. Chr. wurde häufig das griechische *Peristyl*, ein Säulenhof, an der Rückseite hinzugefügt und durch einen

▼ Die *Wohnhäuser* im Römerreich waren in den Städten und auf dem Land meist nicht mehr als zwei Stockwerke hoch. Für die Bedachung gab es regionale Unterschiede, doch wurden häufig Ziegel verwendet. Die Skizze zeigt die Rekonstruktion der *Eingangsfront* eines Hauses der ehemals wohlhabenden Stadt *Herculaneum*, die ebenfalls durch den Vesuvausbruch des Jahres 79 n. Chr. verschüttet wurde. Balkone ermöglichten den Ausblick und boten zugleich Wetterschutz. Die Straßen waren mit mächtigen, glatten Steinblöcken befestigt. Seitlich lagen die etwas erhöhten Bürgersteige.

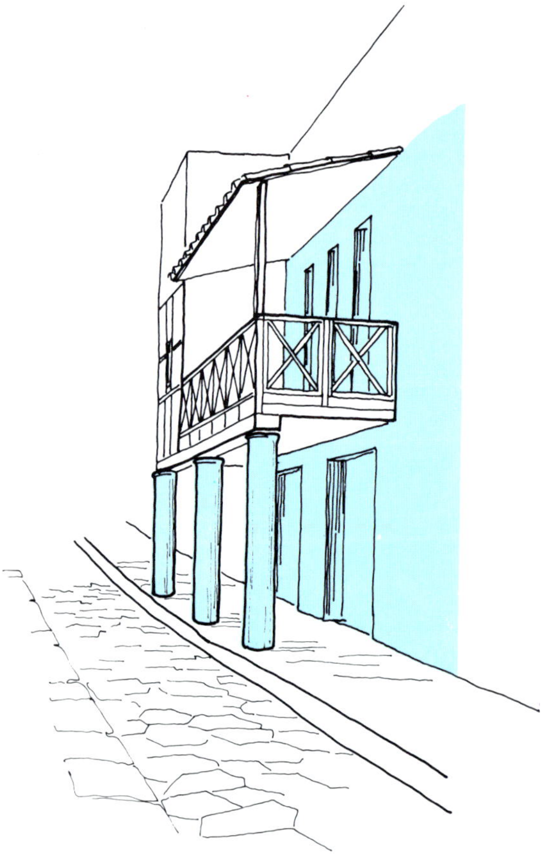

Garten bereichert. In *Rom* und *Ostia,* wo sich die Bevölkerung drängte, wurden auch große *Häuserblocks* aus Ziegel und Gußmauerwerk errichtet.
Zu den typisch römischen Bauwerken gehören die *Triumphbogen* an Hauptstraßen und Kreuzungen. Sie konnten einen, zwei oder drei Durchgänge haben und waren meist mit Reliefs geschmückt, welche die Taten ihrer Erbauer verherrlichten (Abb. S. 16–17). Überall in den römischen Provinzen wurden auch *Amphitheater* errichtet. Ihre Anlage entspricht eigentlich einem verdoppelten römischen Theater, und ihre monumentale Konstruktion wurde durch die Anwendung des *Gußmauerwerks* erleich-

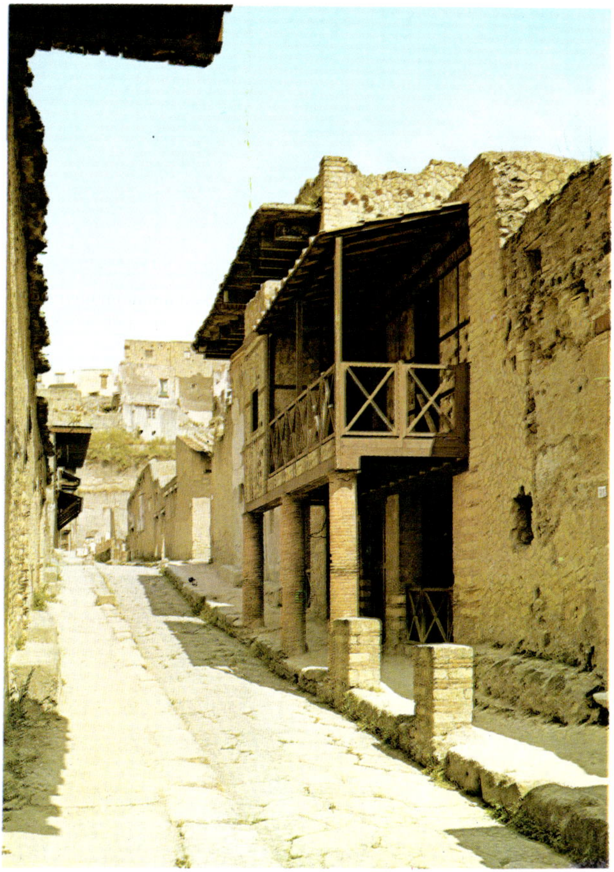

▼ Am 24. August des Jahres 79 brach der Vulkan Vesuv, unweit des Golfes von Neapel in Italien, aus und begrub die römischen Landstädte *Pompeji, Stabiae* und das hier abgebildete *Herculaneum* unter Lava und Aschenregen. Unter dieser hohen Schutzschicht konnten sich die verschütteten Bauwerke samt ihrer Einrichtung erhalten. Sie bilden damit eine unerschöpfliche Quelle der Kenntnis der römischen Archäologie. Berühmt sind die Wandmalereien, die man hier entdeckte, und zahlreiche Details der baulichen Konstruktion lassen sich anhand dieser Funde ebenfalls nachweisen. So ist die Form von hölzernen Einfassungen und Ornamenten bekannt. Stuck bedeckte häufig die Wände. Inschriften und Kritzeleien künden vom blühenden Leben, das einst in diesen Häusern und Straßen herrschte. Zahlreich sind die ebenerdigen Läden und Werkstätten, die man wieder ausgrub.

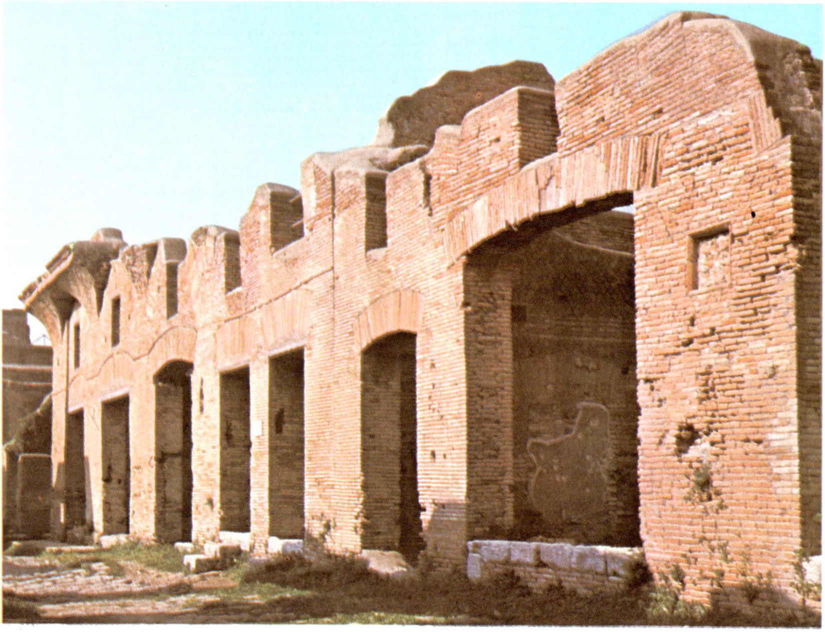

▲ Die Ruinen von *Ostia*, der Hafenstadt des alten Rom, zeigen einen besonderen Haustyp. Solche mehrstöckigen *Wohnhäuser* gab es in Rom und Ostia seit der spätrepublikanischen Zeit. Diese „Mietskasernen" waren vier oder fünf Stockwerke hoch und bestanden aus *Gußmauerwerk* mit *Ziegelverschalung*. Brunnen gab es nur zu ebener Erde, reichere Wohnungen waren mit Wandmalerei und Mosaiken geschmückt.

tert. Sie dienten den überaus beliebten Tierhetzen und Gladiatorenkämpfen (Abb. S. 4, 14–15). Zum Nutzen des Handels wurden gewölbte *Markthallen* errichtet wie in Pompeji und Rom. Dem Forum wurde üblicherweise die *Basilika* angeschlossen, eine öffentliche Versammlungshalle, die der Rechtsprechung diente. Ihr Grundriß enthielt ein Hauptschiff, das von seinen Seitenschiffen durch Reihen von Säulen getrennt war. Häufig hatte es an einem Ende oder auch an beiden eine *Apsis*. Die Basilika ist besonders interessant, weil sie seit dem 4. Jahrhundert den frühchristlichen Kirchen als Vorbild diente (siehe Abb. S. 12–13). Die Römer hatten besonderes Interesse für die lebenswichtigen Wasserleitungen. Sie legten stattliche Aquädukte an (Abb. S. 18–19), öffentliche Latrinen, große Brunnen und vor allem ausgedehnte Badeanlagen, die *Thermen*. Diese Bäder, die der Öffentlichkeit zur Verfügung standen, enthielten kalte und warme Bäder, Schwimmbecken und waren reich mit Marmor und Mosaiken geschmückt. Sie waren ein beliebter gesellschaftlicher Treffpunkt. Die Thermenanlagen wurden ebenfalls

▶ Dieses Modell ist die Rekonstruktion eines *Wohnblocks* aus dem 2. Jahrhundert n. Chr. von der Via Ostiensis in Rom. Die Mauern bestehen im Kern wie üblich aus Gußmauerwerk mit Ziegelverschalung. Die Geschosse sind klar gegliedert, unten befinden sich Läden und Werkstätten. Aus Backstein gemauerte Bogen dienen der Statik.

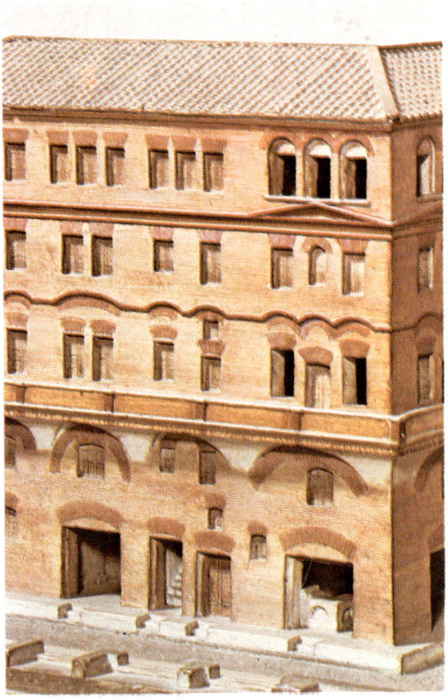

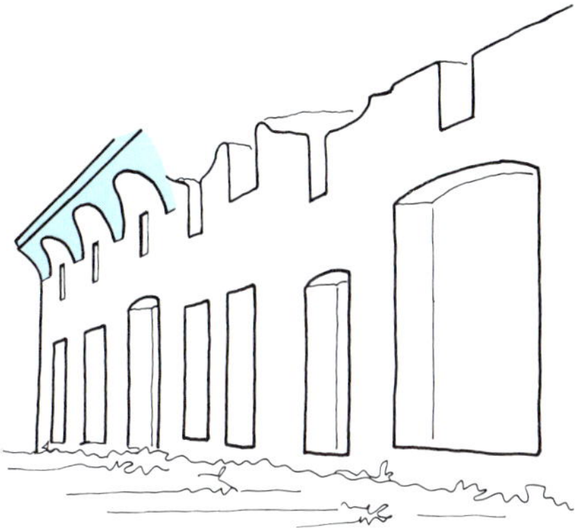

▲ Die stattlichen *Wohnhäuser von Ostia,* die meist aus dem 2. Jahrhundert n. Chr. stammen, zeigen, daß ein einfaches Grundrißschema wiederholt wurde. Den Zugang zu den einzelnen Stockwerken und Wohnungen ermöglichten steile Treppen. Die Obergeschosse hatten meist Balkone. In den Wohnungen lassen sich keine Küchen, Bäder und Klosette feststellen, da der Komfort äußerst gering war.

in Gußmauerwerk errichtet. Die Fußböden konnten durch *Hypokausten* erwärmt werden: unter ihnen befanden sich Heizkanäle für die Heißluft, die aus einem Ofen strömte.

Der *Palastbau* wurde in der römischen Kaiserzeit besonders gefördert. Das Baumaterial war wiederum Gußmauerwerk, das mit Backstein verschalt wurde. Berühmt waren die Kaiserpaläste des *Nero* und *Domitian* auf dem *Palatin in Rom,* sowie die kaiserliche *Villa Hadrians bei Tivoli.* Sie überraschten durch die Fülle von Sälen und Gewölben, Durchgängen und raffinierten Beleuchtungseffekten, Brunnen und Wasserbecken sowie den Überfluß an Marmor, Stuck, Mosaik, Wandmalerei und Statuen. In diesen imperialen Anlagen fand der römische Geist eine typische Ausprägung.

Die Skulptur

▼ Das *Bildnis*. Die Technik des Bronzegusses läßt eine detailreiche Bearbeitung zu. Die Grundzüge des Hohlgusses konnten bereits in der Form festgelegt werden, doch war es üblich, den erkalteten Guß durch Hämmern, Punzen und Feilen noch zu verfeinern. Vor allem Haare und Bart konnten dadurch charakterisiert und die Augen mit farbigen Steinen oder Elfenbein eingefügt werden.

Die *Bildhauerei* hatte bereits große Traditionen im Mittelmeergebiet, als sich die Römer ihr zuwandten. Die *Ägypter* hatten sie bereits seit Jahrtausenden gepflegt und die verschiedensten Materialien verarbeitet. Die *Griechen* wiederum hatten manches von den Ägyptern gelernt und waren große Meister der bildhauerischen Techniken. Um 350 v. Chr. entwickelten sie den *Drillbohrer,* mit dessen Hilfe sich tiefe Gräben und Löcher in den Stein graben lassen,

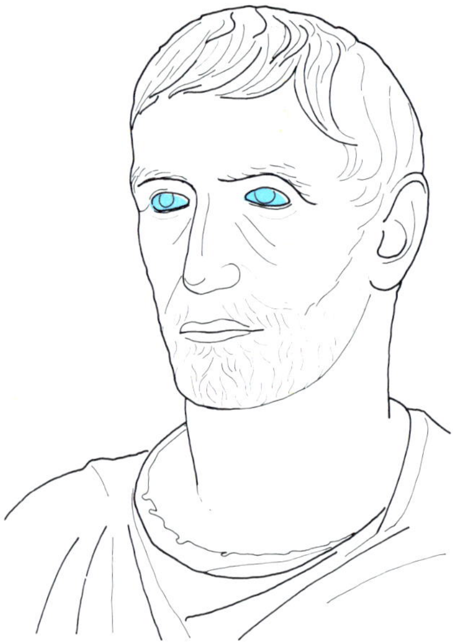

um die lebendige Oberflächenwirkung zu steigern. Die Griechen schätzten den weißen *Marmor,* sie konnten aus Kupfer und Zinn *Bronze* schmelzen und vermochten im Wachsschmelzverfahren in der verlorenen Form lebensgroße Statuen herzustellen. Ihr bildnerisches Schaffen stand vor allem im Dienst der Götter. Höhepunkte erlebte die griechische Bildhauerei in der Zeit zwischen 480 v. Chr. und 323 v. Chr. Mit der Eroberung des Ostens durch Alexander d. Gr. und den Aufstieg der hellenistischen Kö-

▼ Dieser realistische Bronzekopf ist ein handwerkliches Meisterwerk. Er gilt als Idealporträt des republikanischen Helden Lucius Iunius Brutus, der Rom von den Etruskerkönigen befreite. Die Büste allerdings, in die dieser detailreich gearbeitete Kopf eingefügt ist, stammt aus der Renaissance, und so erscheint es möglich, daß auch er erst aus dieser späteren Epoche stammt.

nigreiche weitete sich auch der Horizont der griechischen Bildhauer, die stilistische Differenzierung nahm zu, ebenso kamen neue Motive auf (so die Darstellung der nackten Frau). Nun wurden häufig *Kopien* griechischer Meisterwerke zum Schmuck architektonischer Anlagen in Auftrag gegeben. Der *Hellenismus* förderte das *veristische Porträt* im Gegensatz zu der Idealisierung der klassischen griechischen Kunst. Die Reliefs, die im Auftrag der Herrscher an Tempeln und Altären angebracht wurden, bekamen nun eine politische Bedeutung und sollten der Propaganda dienen. Die Themen der überlieferten Mythologie

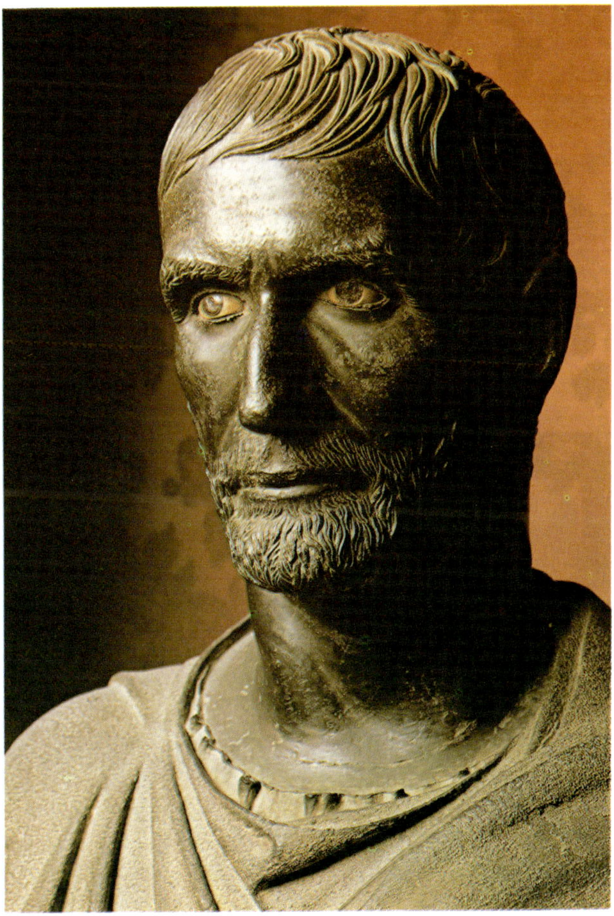

▶ Die römischen Aristokraten der späten Republik, um 100–30 v. Chr., bewunderten die Arbeiten der realistischen *Porträtkunst* des Hellenismus und gaben deren Bildhauern zahlreiche Aufträge. Diese strömten nach Rom und brachten „veristische“ Werke hervor, die typische Wesenszüge fast karikaturhaft betonten. Ältere, vom Leben geprägte Gesichter wurden mit Vorliebe dargestellt. Als Material dienten Marmor und Bronze.

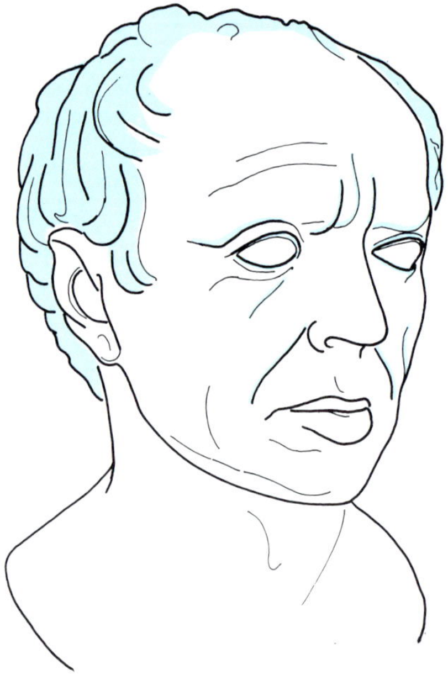

wurden weiterhin dargestellt, doch wurde ihnen eine neue Bedeutung unterlegt. An die Stelle der Idealisierung trat die Zweckmäßigkeit.

In *Italien* fanden zwischen dem 7. und dem 1. vorchristlichen Jahrhundert die griechischen Anregungen eine unterschiedliche Aufnahme. In *Großgriechenland*, im Süden, wurden die griechischen Formen oft in einheimischem Stein oder in Terrakotta nachgeahmt. *Etrurien* dagegen entwickelte mit Hilfe griechischer Künstler seine eigene *etruskische Kunst*, die ebenfalls einheimischen Stein, Terrakotta und Bronze verarbeitete. Mittelitalien folgte der Entwicklung erst relativ spät und unter etruskischem Einfluß. Als *Rom* im 2. Jahrhundert v. Chr. Griechenland eroberte, war es bereits künstlerisch aufgeschlossen: die Römer erkannten sowohl die Überlegenheit der griechischen Bildhauerei als auch ihre Anwendbarkeit für ihre eigenen Zwecke. Die „dokumentarische“ Darstellung aktueller Ereignisse ist typisch für die von den Römern in Auftrag gegebenen Skulpturen.

Das *realistische Porträt* war zur Zeit der späten römi-

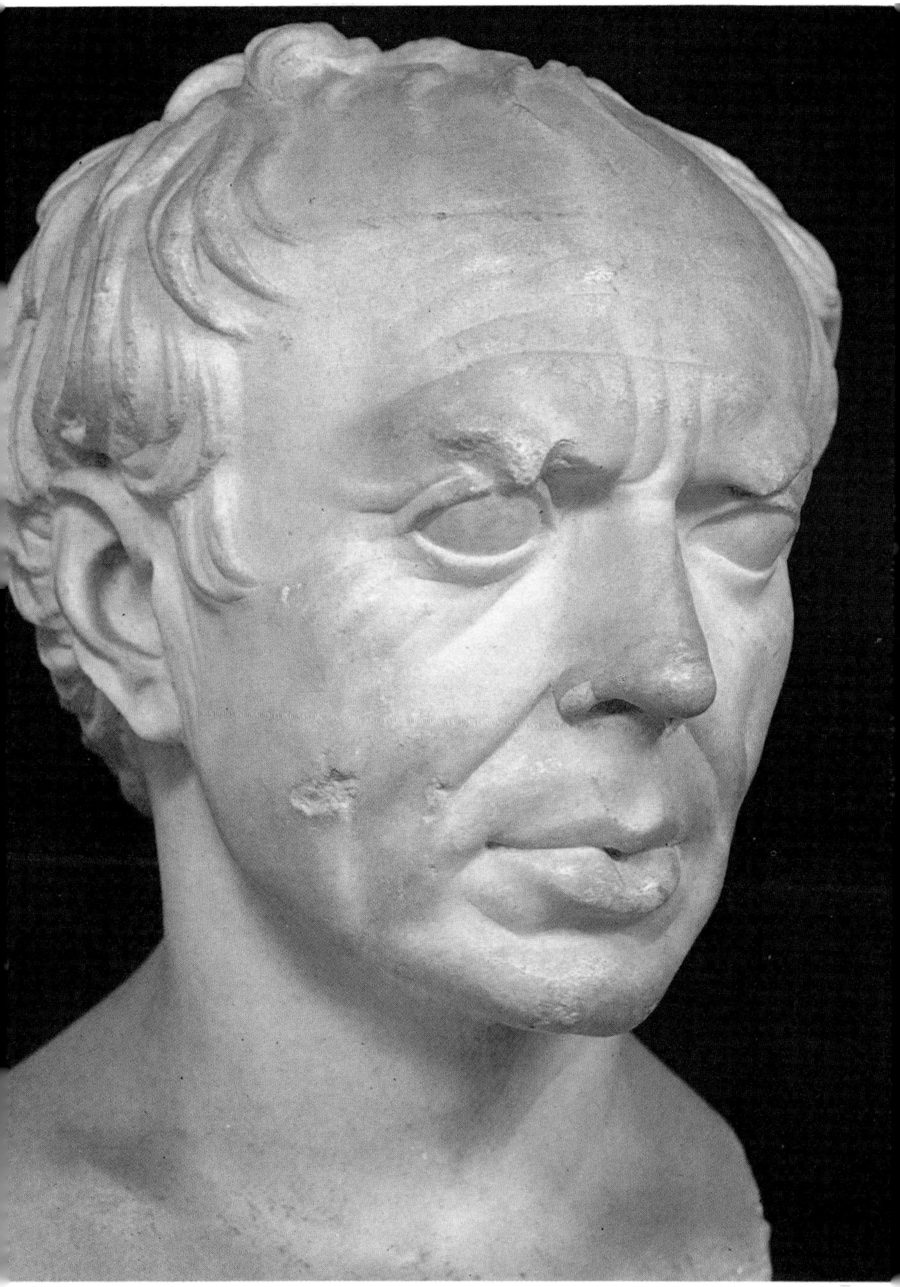

▶ Diese Büste aus weißem Marmor stellt *Faustina d. J.* dar, die Gattin des Kaisers Marc Aurel, die im Jahr 175 n. Chr. starb. Der Bildhauer, vermutlich ein Grieche, trug dem römischen Bedürfnis nach Wirklichkeitstreue und der griechischen idealisierenden Tradition Rechnung.

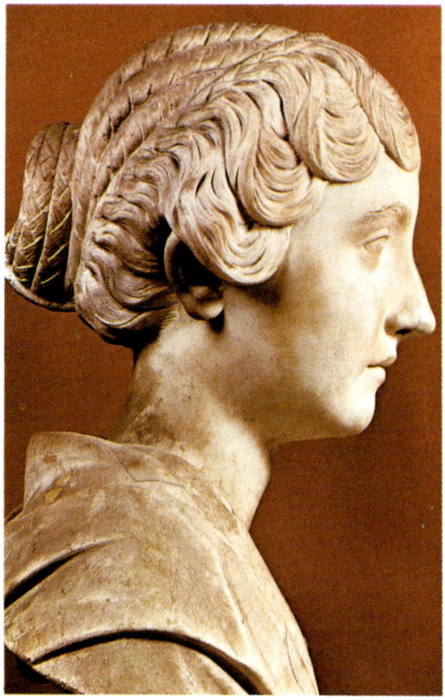

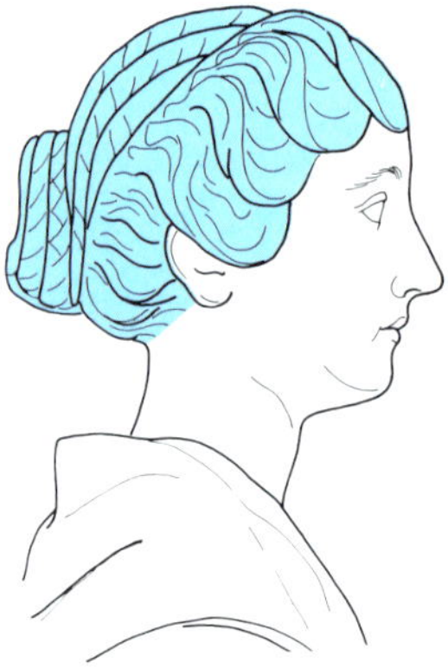

▲ Die weibliche *Frisur* verdient nicht nur als modisches Detail Beachtung, sondern sie ist zugleich Ausdruck eines Stils. Daher können solche Nebensächlichkeiten zur Datierung beitragen. Das weibliche Porträt aus der Mitte des 2. nachchristlichen Jahrhunderts zeigt die Neigung zu akademischer Glätte.

schen Republik besonders beliebt (siehe Abb. S. 27, 29). Die Bildhauer waren üblicherweise Griechen, die Erben einer jahrhundertealten Perfektion. Augustus (31 v. Chr. bis 14 n. Chr.) war ein großzügiger Mäzen der Künste. Die Bildhauerei wurde unter ihm und seinen kaiserlichen Nachfolgern zum Instrument der kaiserlichen Propaganda, wie auch die Wohlhabenden sich der Kunst bedienten, um ihren gesellschaftlichen Rang zu bekunden. Diese Tendenz widersprach völlig der griechischen Idealität.

Unter den römischen Kaisern nahm der allgemeine Wohlstand zu und damit steigerte sich auch das Repräsentationsbedürfnis. Es entstanden zahlreiche *Kopien* griechischer und hellenistischer Vorbilder, deren Qualität oft nicht überzeugt. Die Einführung neuer Kulte bedingte auch neue Darstellungen. Die Produktion der *römischen Kopien aus Marmor und Bronze* wurde zu einer wahren Industrie. Da die griechischen Vorbilder meist verloren sind, lassen die römischen Kopien wertvolle Rückschlüsse auf jene Originale zu.

Ein Hauptgebiet der römischen Rundplastik war das *rea-*

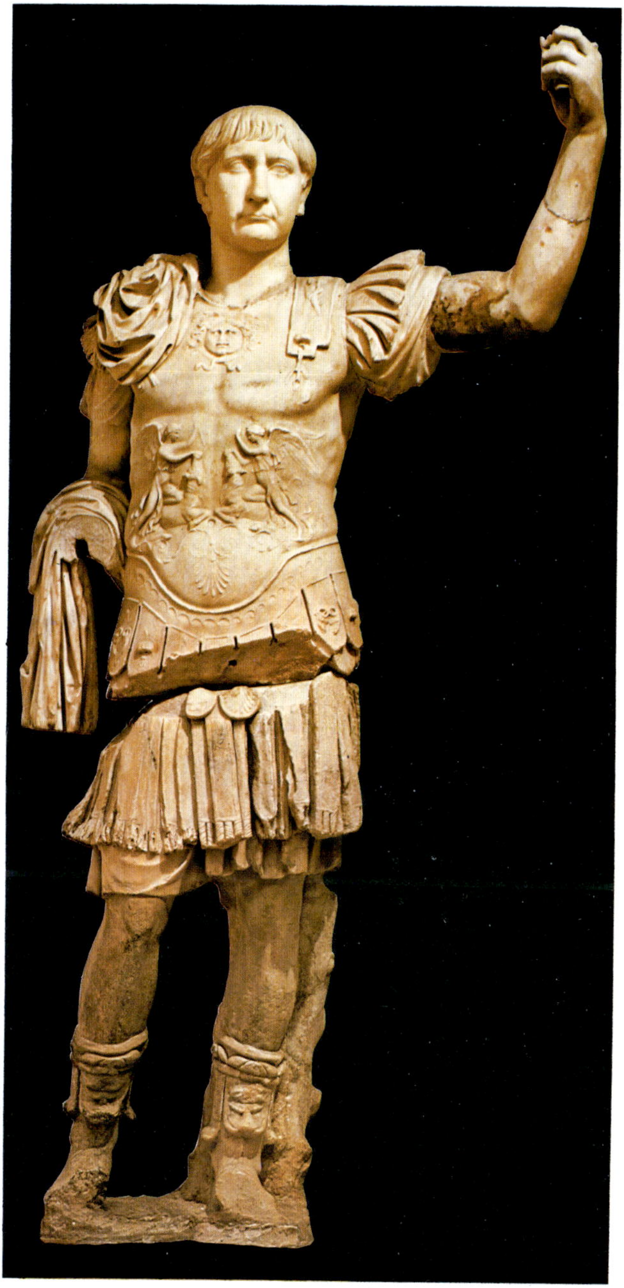

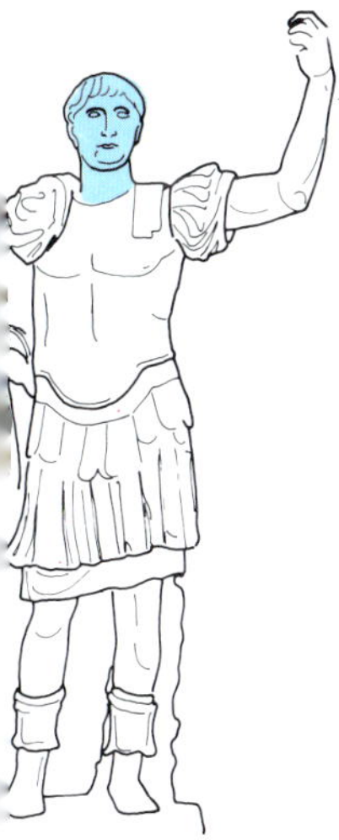

▼ ▶ Diese lebensgroße Marmorstatue des Kaisers *Trajan* wurde in Ostia gefunden und ist um 115 n. Chr. entstanden. Es handelt sich um kaiserliche Propagandakunst. Der Imperator ist als Befehlshaber dargestellt, ein Sinnbild der militärischen Herrschaft, auf der die Macht des Imperiums beruhte. Der Typus geht auf ein augusteisches Vorbild zurück (siehe Abb. S. 33).

listische Porträt. Seit der Zeit des Augustus entstanden in beinahe 500 Jahren hervorragende römische *Bildnisbüsten.* Im Lauf der Zeiten ergaben sich einschneidende stilistische Veränderungen. Es befinden sich darunter Beispiele einer fast griechischen Idealisierung, doch auch solche von krassem Realismus. Häufig wurden die Gewandfiguren, in welche die Porträtköpfe eingesetzt wurden, ziemlich routiniert wiedergegeben, um einen Gott oder

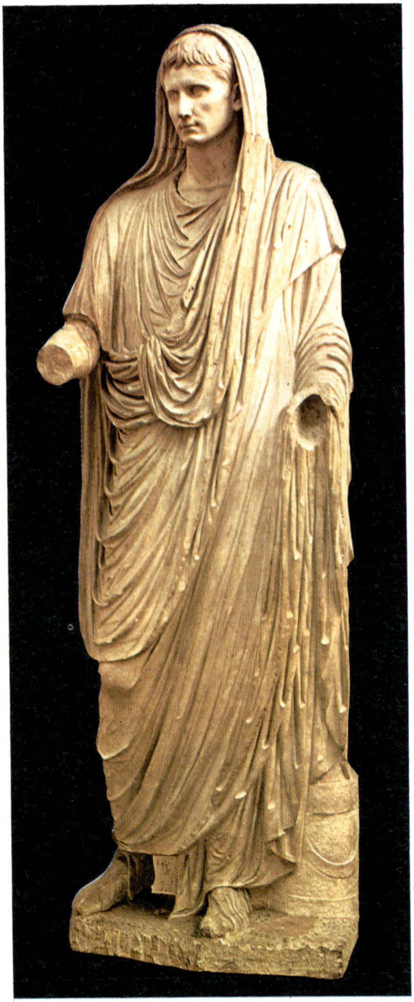

◄ ▼ Diese lebensgroße *Marmorstatue des Augustus,* die in Rom gefunden wurde, stammt aus den letzten Jahren des 1. Jahrhunderts v. Chr. Die über den Kopf gezogene Toga zeigt den Kaiser als Opfernden. Das Standbild bezeugt die augusteische Ausgewogenheit.

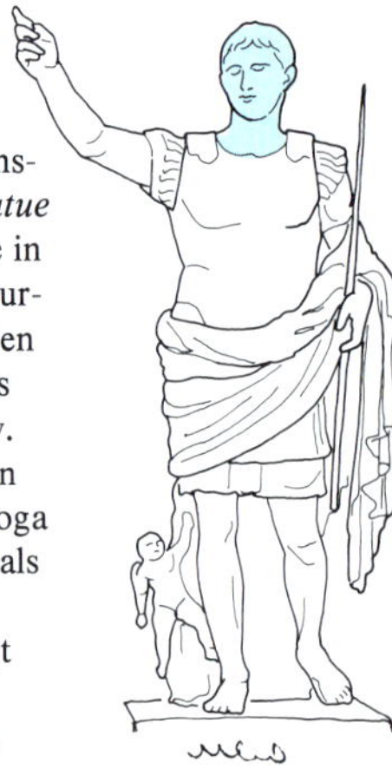

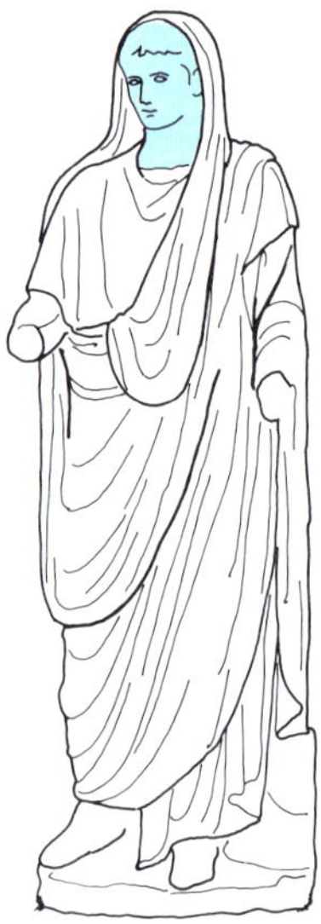

▲ ► Der *Augustus von Primaporta* geht im Typus auf den Kanon des Polyklet zurück. Die im Jahr 14 n. Chr. geschaffene Kaiserstatue hat einen propagandistischen Charakter. Aus dem griechischen Epheben ist der römische Feldherr geworden. Der Amor zu Füßen des Imperators weist auf die Abkunft des Julischen Hauses von der Göttin Venus hin.

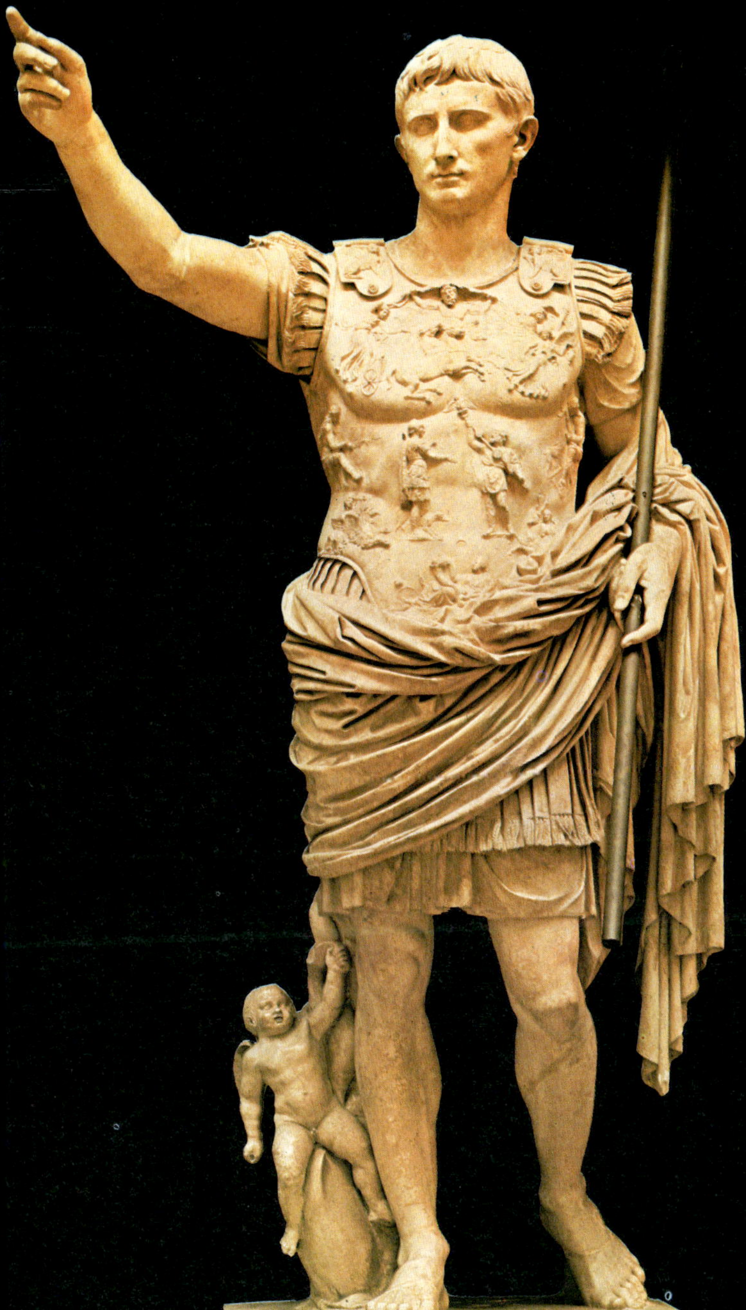

▶ Das *Reiterstandbild* eines Herrschers, in Marmor oder Bronze, war schon im Hellenismus bekannt. Bronze wurde als Material bevorzugt. Das Standbild wurde aus einzeln gegossenen Teilen zusammengesetzt, deren Nähte möglichst unauffällig verliefen. Ebenso kam die Vergoldung vor. Die Bronze hatte gegenüber dem Marmor den Vorteil, daß sie keine Stützkonstruktion benötigt. Reiterstatuen wurden in römischer Zeit auf Sockeln und Triumphbogen aufgestellt

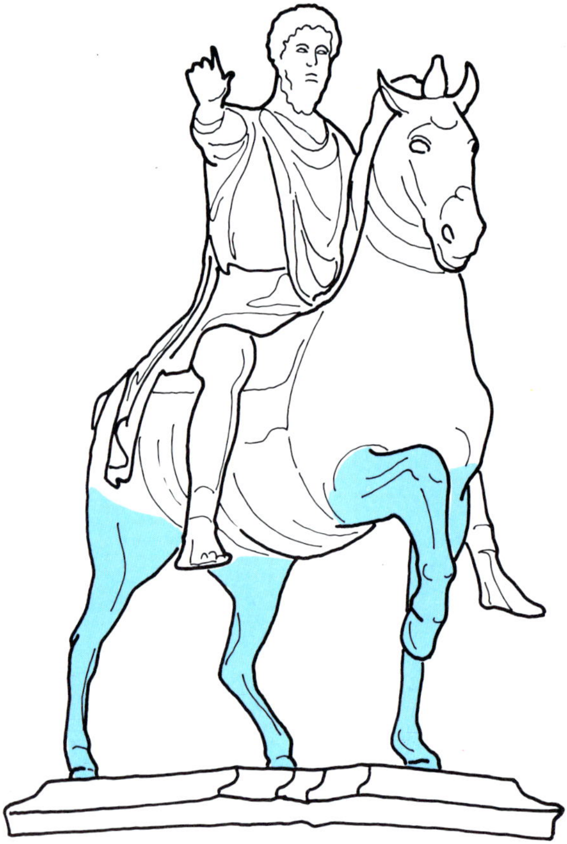

Feldherrn (Abb. S. 31), Imperator (Abb. S. 33) oder Würdenträger zu verkörpern, die Gesichtszüge und die Frisur wurden jedoch in jedem Fall mit größter Sorgfalt charakterisiert. Vom Klassizismus eines Augustus bis zu Nero und Trajan erstreckt sich eine Folge meisterlicher Porträts, Hadrian führte die Barttracht ein, die dann 200 Jahre lang die Mode bestimmte (Abb. S. 35). Konstantin und seine christlichen Nachfolger bevorzugten wieder die Bartlosigkeit. Die Porträts dieser Spätzeit spiegeln im Ausdruck und den großen, zum Himmel aufblickenden Augen eine veränderte Weltanschauung, die vom Hof ausging

▶ Das *Reiterstandbild des Kaisers Marc Aurel* (161 bis 180 n. Chr.) aus vergoldeter Bronze wurde jahrhundertelang zum großen Vorbild. Es blieb erhalten, da man es für ein Standbild Konstantins hielt. Michelangelo fügte es dem Kapitolsplatz in Rom ein. Der Typus ist hellenistisch, wurde jedoch mit realistischer römischer Detailtreue bereichert.

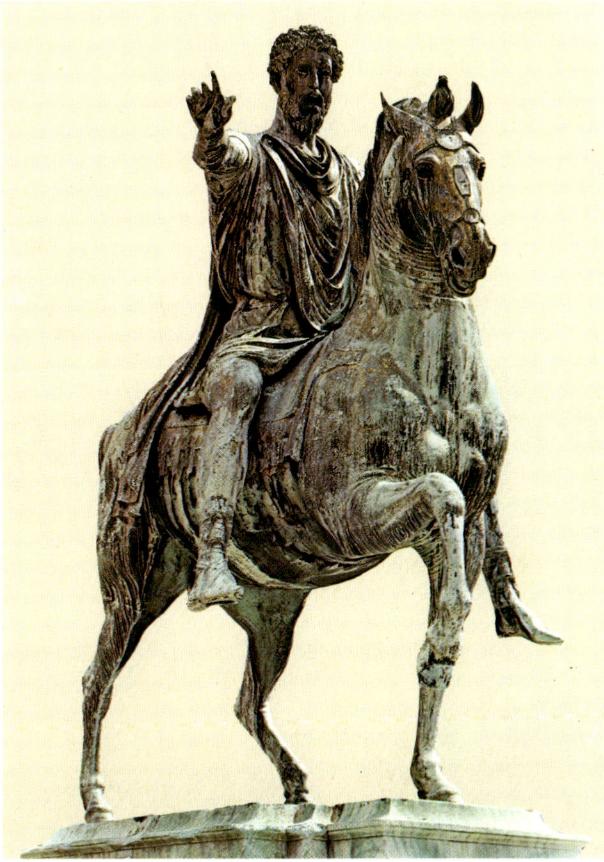

und den Stil bestimmte. Das dem Jenseits zugewandte Christentum fand in dieser Haltung seine Spiegelung.
Die *Reliefbildhauerei* erlebte in der römischen Zeit ebenfalls eine Blüte und manche Veränderungen. Man griff auf zahlreiche festgelegte Typen zurück. Stilistisch lassen sich unterschiedliche Richtungen feststellen. Im religiösen Bereich kommen häufig Altarreliefs vor, auf denen Opferszenen und die römischen Götter vertreten sind: Jupiter, Juno, Minerva, Apoll oder andere Gottheiten des offiziellen römischen Pantheons. In den Provinzen wurden ferner lokale Gottheiten verehrt. Die römischen Legionäre verehr-

ten z. B. besonders den persischen Lichtgott *Mithras*. Die *Gräber* wurden häufig mit *Grabsteinen* geschmückt, auf denen sich Reliefdarstellungen befinden. Etwa von 400 v. Chr. bis 100 n. Chr. war die Leichenverbrennung üblich, und zum Andenken an die Verstorbenen wurden Grabmäler errichtet. Einer altrömischen Tradition entsprach es, das Aussehen der Ahnen im figürlichen Bild festzuhalten, auch darin liegt eine wesentliche Wurzel des römischen Porträts. Seit dem 1. Jahrhundert v. Chr. kam

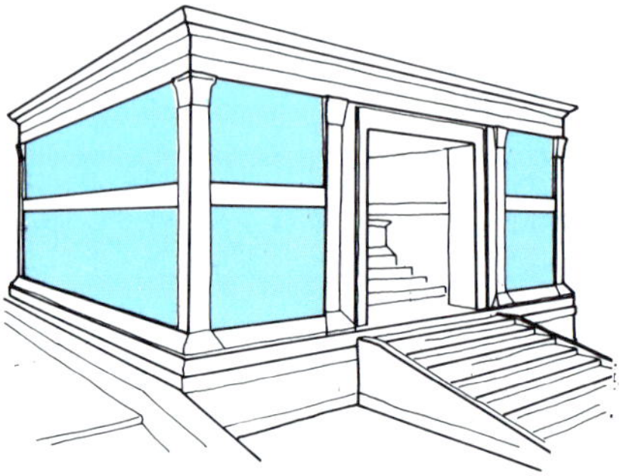

◀ Der *Friedensaltar in Rom* ging auf ein Vorbild auf der *Agora*, dem Marktplatz von *Athen* zurück. Typisch für den augusteischen Klassizismus ist die Berufung auf griechisch-klassische Traditionen.

▼ Der *Friedensaltar (Ara pacis)* des Augustus wurde im Jahr 9 v. Chr. geweiht. Die Reliefs zeigen reiche Ornamente sowie Szenen der Aeneassage und die Weihe in Anwesenheit des Kaisers.

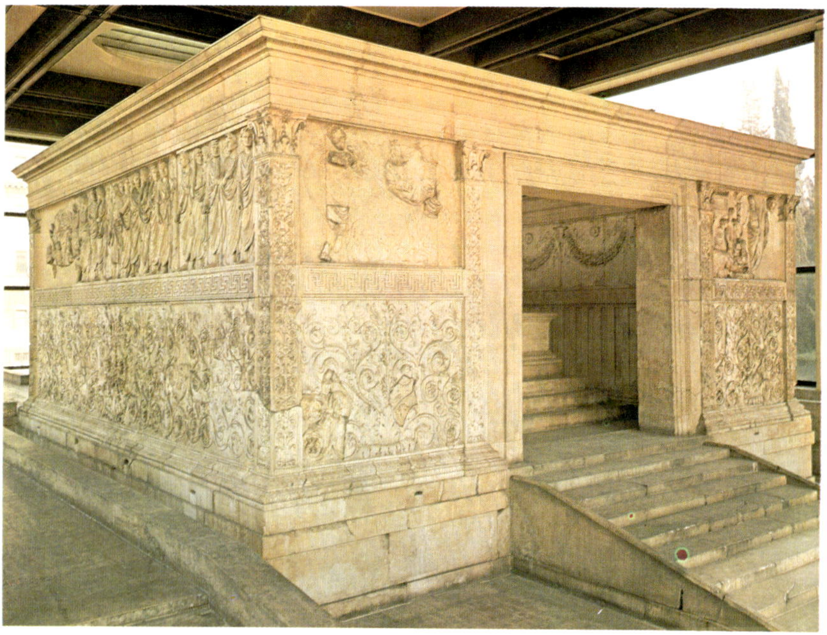

▼ Die *Marc Aurelsäule* in Rom wurde zwischen 180 und 193 n. Chr. zur Verherrlichung der Taten des Kaisers errichtet. In Form einer Bildrolle werden die Szenen abgespult.

neuen Ordnung unter Rückgriff auf ältere Bestände wurde deutlich. Der Konstantinsbogen mit seinen heterogenen Elementen, den wiederverwendeten Reliefs aus der Zeit Trajans, Hadrians und Marc Aurels, steht damit an der Zeitenwende von spätrömischer und frühchristlicher Kunst. Hier wird in expressiver Weise eine Erzählung unmittelbar dargestellt. Die Form wird der Idee völlig untergeordnet, das inhaltliche Programm dominiert.
Das Bestreben, dem vergänglichen Augenblick durch ein beständiges Monument Dauer zu verleihen, bestimmt die römische Kunst bis zuletzt.

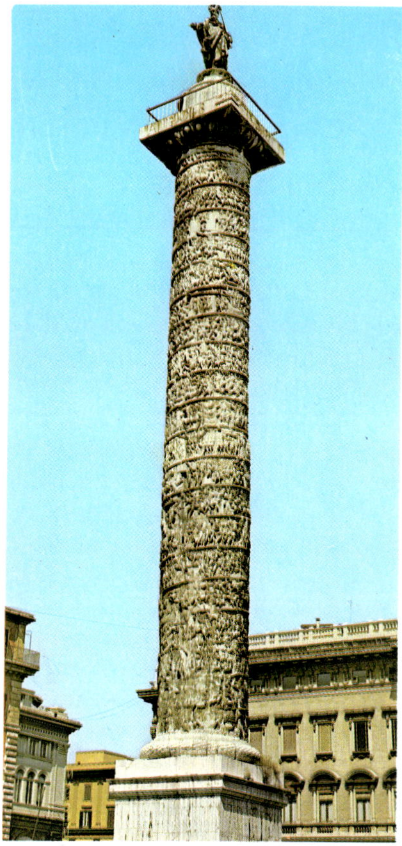

▼ ▶ Die *Trajanssäule* aus dem Jahr 113 n. Chr. faßt Ereignisse aus den beiden Kriegen des Kaisers zusammen, die zur Eroberung Dakiens (Rumäniens) führten. Das Relief nimmt – mit den z. T. überlängten Proportionen – Rücksicht auf die Betrachtung von unten. Die Säule ist Grab und Siegesdenkmal.

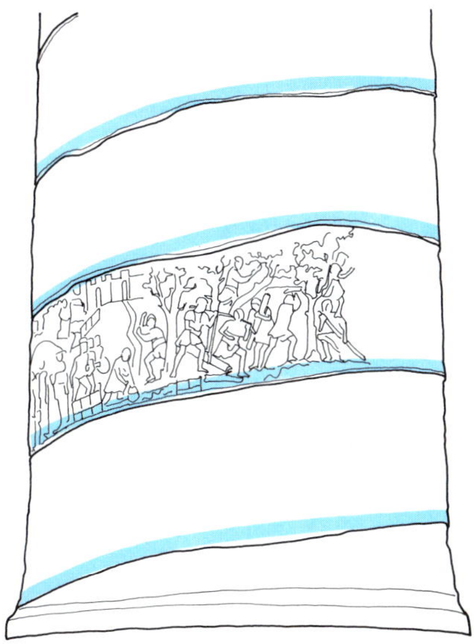

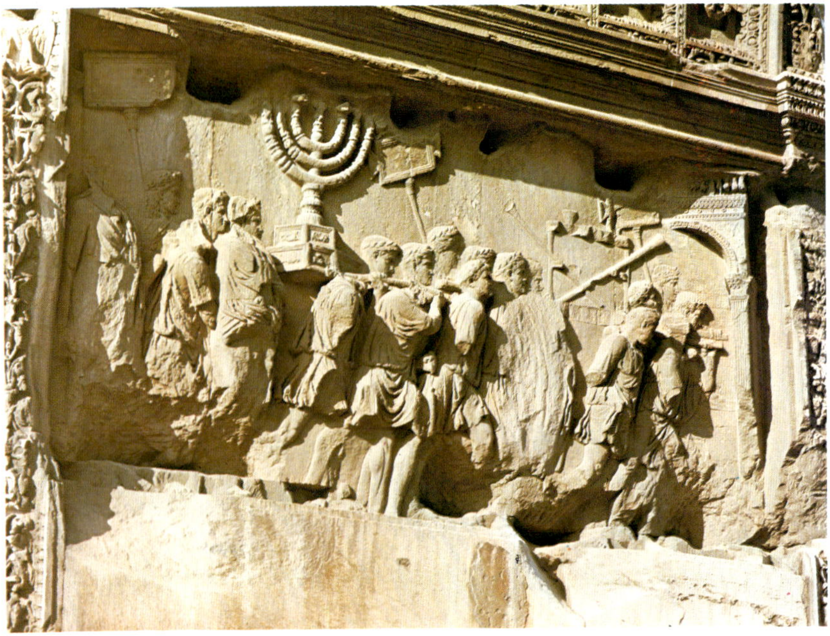

▲ Der *Triumphbogen des Titus* wurde von Domitian errichtet, um den Sieg seines verstorbenen Bruders Titus über die Juden zu verherrlichen (66–70 n. Chr.). Das Relief zeigt die römischen, mit dem Siegeslorbeer bekränzten Soldaten, welche die Siegesbeute aus Jerusalem, darunter den siebenarmigen Leuchter, im Triumphzug dahertragen. Der Augenblick des Sieges soll für alle Zeiten anschaulich festgehalten werden.

tinsbogen in Rom wiederverwendet (siehe S. 17). Die *Trajanssäule* aus dem Jahr 113 n. Chr. auf dem Trajansforum in Rom zeigt in einem fortlaufenden Spiralband die Kriegstaten des kaiserlichen Heeres. Der Imperator Marc Aurel wurde ebenfalls in Kriege verwickelt, deren Siege die *Marc Aurelsäule in Rom* zeigt. Sie schließt im Typus an die Trajanssäule an (siehe Abb. S. 40). Der Usurpator Septimius Severus (193–211 n. Chr.) ließ einen weiteren Triumphbogen auf dem römischen Forum errichten, ebenso schmückte er seine Heimatstadt Lepcis Magna in Libyen mit zahlreichen Monumenten. Die Reliefkunst dieser Zeit wirkt überladen, die Figuren erscheinen mechanisch aufgereiht, die klassische Tradition wird mehr und mehr vergessen. Einen schwachen Nachklang davon läßt der *Galeriusbogen in Thessaloniki,* um 300–305 erkennen. Eine kompilatorische, spätantike Haltung zeigt schließlich der *Konstantinsbogen beim Kolosseum in Rom.* Seine Friese künden vom Sieg Konstantins über Maxentius und von seiner Freigiebigkeit. Die Welt der Antike war aus dem Gleichgewicht geraten, das Bestreben nach einer

▼ Die *Marc Aurelsäule* in Rom wurde zwischen 180 und 193 n. Chr. zur Verherrlichung der Taten des Kaisers errichtet. In Form einer Bildrolle werden die Szenen abgespult.

neuen Ordnung unter Rückgriff auf ältere Bestände wurde deutlich. Der Konstantinsbogen mit seinen heterogenen Elementen, den wiederverwendeten Reliefs aus der Zeit Trajans, Hadrians und Marc Aurels, steht damit an der Zeitenwende von spätrömischer und frühchristlicher Kunst. Hier wird in expressiver Weise eine Erzählung unmittelbar dargestellt. Die Form wird der Idee völlig untergeordnet, das inhaltliche Programm dominiert.

Das Bestreben, dem vergänglichen Augenblick durch ein beständiges Monument Dauer zu verleihen, bestimmt die römische Kunst bis zuletzt.

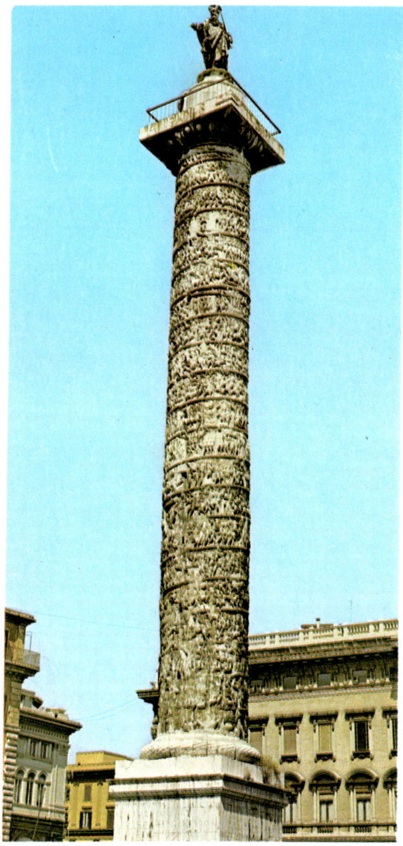

▼ ▶ Die *Trajanssäule* aus dem Jahr 113 n. Chr. faßt Ereignisse aus den beiden Kriegen des Kaisers zusammen, die zur Eroberung Dakiens (Rumäniens) führten. Das Relief nimmt – mit den z. T. überlängten Proportionen – Rücksicht auf die Betrachtung von unten. Die Säule ist Grab und Siegesdenkmal.

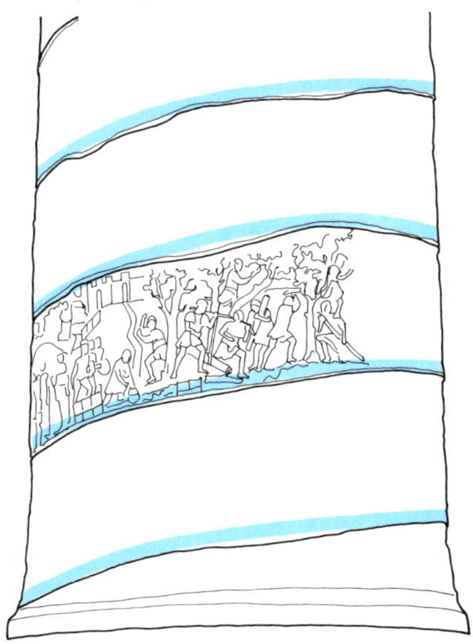

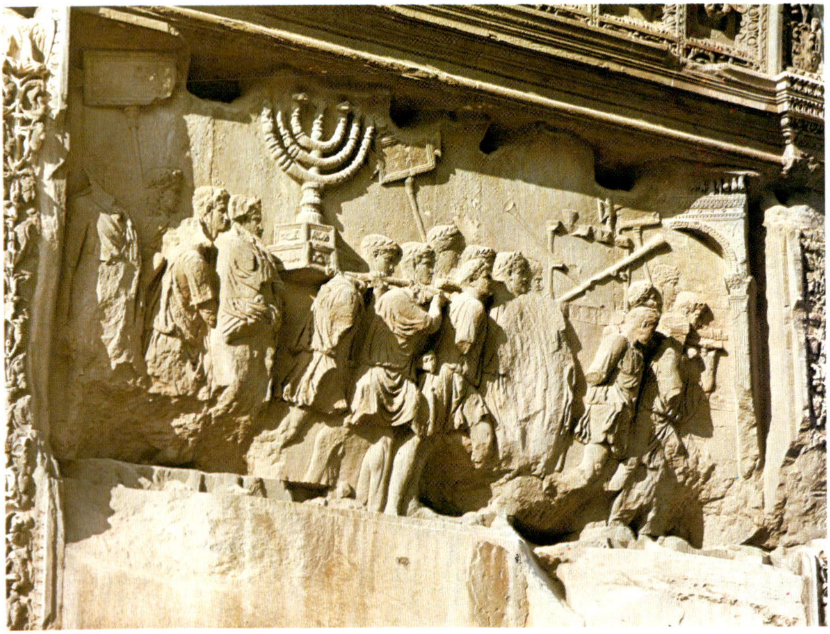

▲ Der *Triumphbogen des Titus* wurde von Domitian errichtet, um den Sieg seines verstorbenen Bruders Titus über die Juden zu verherrlichen (66–70 n. Chr.). Das Relief zeigt die römischen, mit dem Siegeslorbeer bekränzten Soldaten, welche die Siegesbeute aus Jerusalem, darunter den siebenarmigen Leuchter, im Triumphzug dahertragen. Der Augenblick des Sieges soll für alle Zeiten anschaulich festgehalten werden.

tinsbogen in Rom wiederverwendet (siehe S. 17). Die *Trajanssäule* aus dem Jahr 113 n. Chr. auf dem Trajansforum in Rom zeigt in einem fortlaufenden Spiralband die Kriegstaten des kaiserlichen Heeres. Der Imperator Marc Aurel wurde ebenfalls in Kriege verwickelt, deren Siege die *Marc Aurelsäule in Rom* zeigt. Sie schließt im Typus an die Trajanssäule an (siehe Abb. S. 40). Der Usurpator Septimius Severus (193–211 n. Chr.) ließ einen weiteren Triumphbogen auf dem römischen Forum errichten, ebenso schmückte er seine Heimatstadt Lepcis Magna in Libyen mit zahlreichen Monumenten. Die Reliefkunst dieser Zeit wirkt überladen, die Figuren erscheinen mechanisch aufgereiht, die klassische Tradition wird mehr und mehr vergessen. Einen schwachen Nachklang davon läßt der *Galeriusbogen in Thessaloniki,* um 300–305 erkennen. Eine kompilatorische, spätantike Haltung zeigt schließlich der *Konstantinsbogen beim Kolosseum in Rom.* Seine Friese künden vom Sieg Konstantins über Maxentius und von seiner Freigiebigkeit. Die Welt der Antike war aus dem Gleichgewicht geraten, das Bestreben nach einer

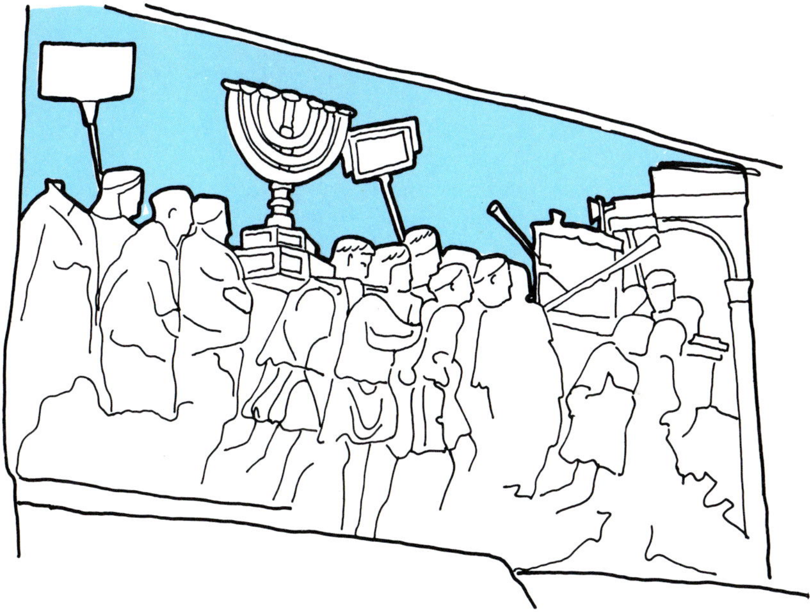

▲ Die römische Bildhauerei diente häufig der staatlichen Repräsentation und öffentlichen Propaganda. Um dieser Aufgabe gerecht zu werden, mußten die Szenen deutlich und leicht verständlich sein. Häufig wurden bestimmte Höhepunkte dargestellt: Schlachten, Opferhandlungen, Triumphzüge, historische Persönlichkeiten.

lichung ihrer Regierung errichten ließen, vor allem an den *Triumphbogen.* Augustus ließ in Rom einen großen *Marmoraltar des Friedens (Ara pacis)* errichten (siehe Abb. S. 36, 37). Die Bildhauer dieses Friedensmonumentes, das im Jahr 9 v. Chr. entstand, waren Griechen, doch sind die Darstellungen rein römisch. Dieser kaiserliche Propagandaauftrag zeigt die Opfer- und Weihezeremonien und zahlreiche Porträts der Angehörigen der kaiserlichen Familie. Die Staatsreligion wird damit verherrlicht, und die klassische Haltung des Kaisers kommt zum Ausdruck. Tiberius, der Nachfolger des Augustus, setzte diese Tradition fort mit dem *Triumphbogen von Orange* (Arausio) in der Provence (siehe Abb. S. 16), und im späten 1. Jahrhundert n. Chr. ließ Domitian den Sieg seines älteren Bruders Titus über die Juden durch einen *Triumphbogen am Forum in Rom (Titusbogen,* Abb. S. 39) verherrlichen. Die wichtigsten Szenen dieses Feldzuges sind in großfigurigen Reliefs dargestellt. Trajan ließ seine Taten ebenfalls in steinernen Reliefs am *Trajansbogen zu Benevent* festhalten. Trajanische Reliefs wurden ebenso am *Konstan-*

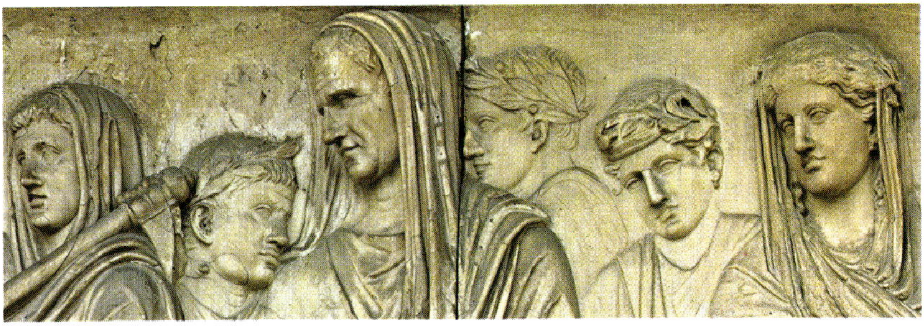

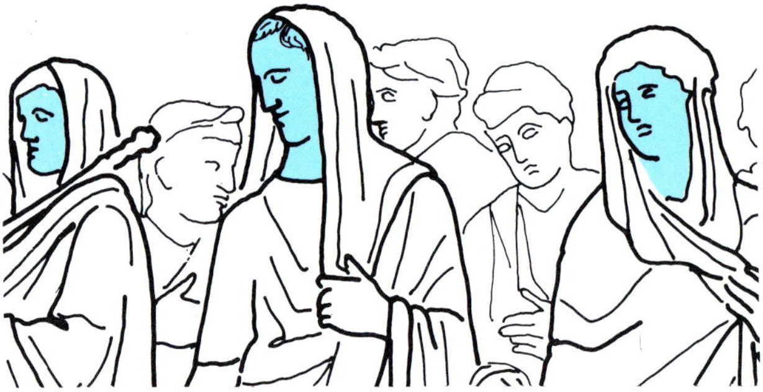

▲ ▶ Dieses Detail vom Relieffries der *Ara pacis in Rom* läßt die Stileigentümlichkeiten des augusteischen Klassizismus deutlich erkennen: Die griechische Tradition des klassischen Parthenonfrieses (um 440 v. Chr.) klingt nach, doch tendiert der römische Realitätssinn zu einer wirklichkeitsgetreuen, individuellen Porträthaftigkeit.

der Brauch auf, möglichst naturgetreue *Porträtbüsten* der Verstorbenen aufzubewahren. Im 2. nachchristlichen Jahrhundert ging dieser Brauch in Rom wieder zurück, während er in den Provinzen teilweise fortlebte. Mit Relief geschmückte *Aschenurnen* hatten ebenfalls ihre Traditionen. Doch wurde etwa ab 100 n. Chr. die Körperbestattung üblich, was wiederum neue Formen bewirkte. Für die Imperatoren und die Reichen wurden kostbare *Sarkophage* aus Marmor oder Porphyr geschaffen, die mit *Relieffriesen* geschmückt wurden. Im griechischen Osten liefen diese um den ganzen Sarkophag um, während sie in Rom und im Westen üblicherweise nur die Vorderseite bedeckten. Die Darstellungen wurden aus der Mythologie oder aus dem Alltagsleben genommen. Sie haben meist eine symbolische Bedeutung und spielen auf den Lebenskampf oder auf die Freuden des Paradieses an. Wohlhabende Privatleute ließen außerdem die Wände ihrer Häuser mit Bildhauerarbeiten schmücken.

Die aufwendigsten *Reliefs* befinden sich an den großen Monumenten, welche die Imperatoren zur Verherr-

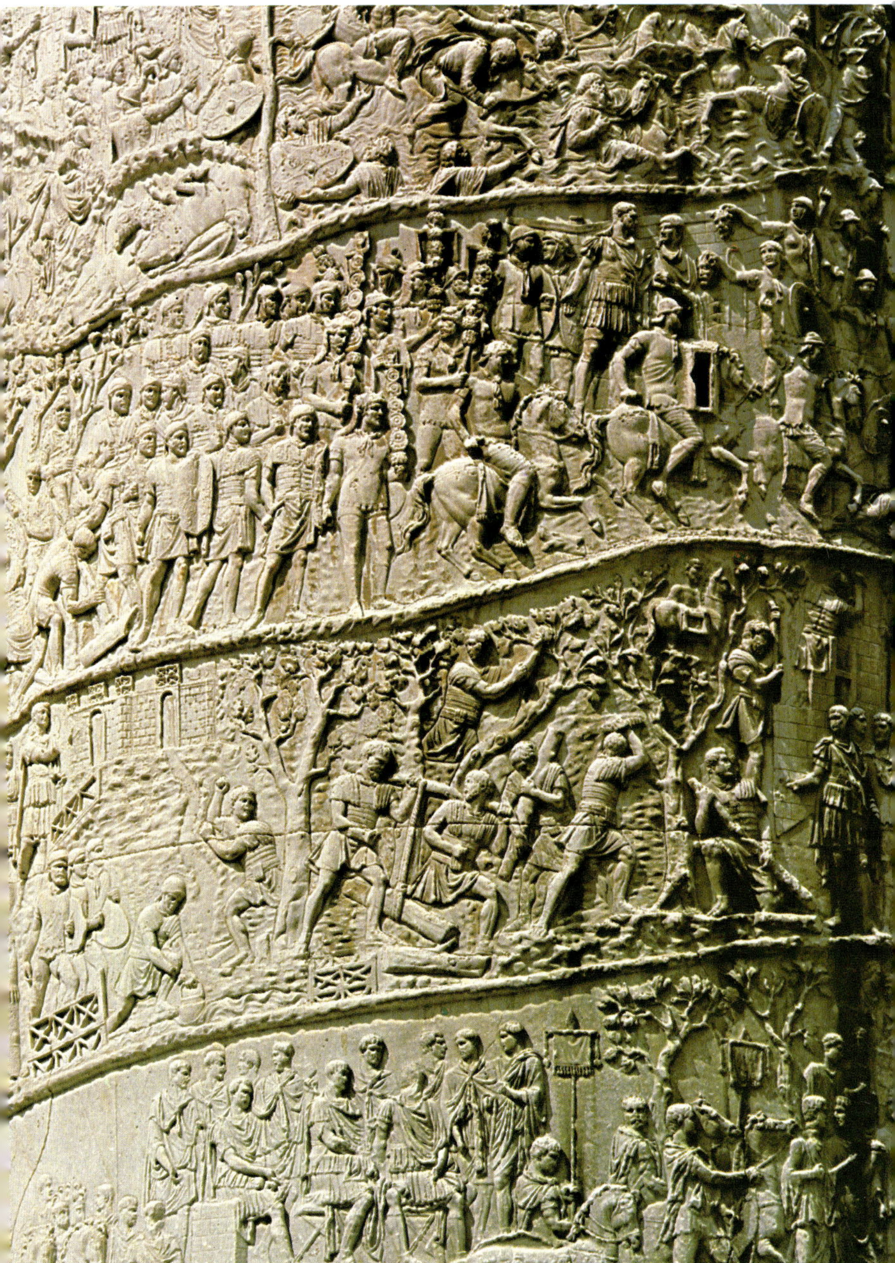

Die Malerei

▼ Die griechischen und römischen Künstler kannten die einheitliche Zentralperspektive nicht, sondern kombinierten vielmehr verschiedene Ansichten zugunsten eines übersichtlichen Eindrucks. Bei dieser Darstellung wird ein Einblick in eine Arena gegeben. Die wichtigen Bildelemente werden hervorgehoben (Luftperspektive).

Sowohl die *Malerei* als auch die mit ihr verwandte *Mosaikkunst* wurden von den griechischen Künstlern gepflegt und erfuhren weitere Förderung unter der römischen Herrschaft. Der Römer *Plinius,* der im Jahr 79 n. Chr. starb, schrieb eine Geschichte der Malerei und *Vitruv,* der in den zwanziger Jahren v. Chr. tätig war, hinterließ Aufzeichnungen über die römische Wandmalerei.
Die Malerei hatte lange Traditionen und wurde schon von den Griechen des 8. vorchristlichen Jahrhunderts ausgeübt. Um 500 v. Chr. wurden verschiedene *Techniken* un-

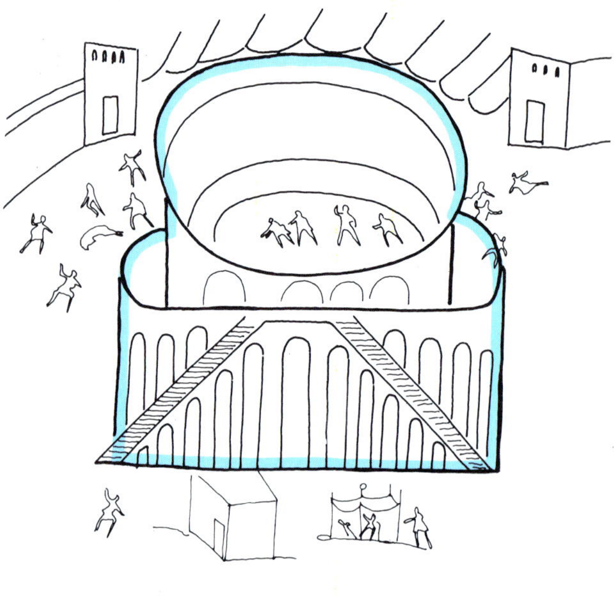

terschieden: *Tempera* (das Farbpulver wird mit einem eiweißhaltigen Bindemittel vermischt), *Fresko* (Malerei auf frischem Putz), *Enkaustik* (die Farben werden mit Wachs vermischt) waren bekannt. Wände und Mauern wurden bemalt, doch ebenso Holz und Marmor. Man kannte zahlreiche Farben. Malerei diente zum Schmuck der *etruskischen Gräber* und der *griechischen Vasen*. Mythologische Szenen und solche des Alltags wurden dargestellt. Die *Umrisse* wurden mit dunklen Linien festgelegt und die Formen durch gleichmäßig aufgetragene Farben ausgefüllt. Doch seit etwa 300 v. Chr. kam eine merkliche Bereicherung hinzu: Schattengebung, realistische Farbwiedergabe, komplizierte Komposition und Bewegung. Von

▼ Wie Tacitus berichtet, brach im Jahr 59 n. Chr. im Amphitheater von Pompeji eine blutige Schlägerei zwischen den Einwohnern Pompejis und des benachbarten Nocera aus. Kaiser Nero bestrafte die Pompejaner, indem er ihr Amphitheater für 10 Jahre schließen ließ. Das pompejanische Wandbild zeigt dieses Ereignis. Interessant ist die Konstruktion des Rundbaus mit den Außenaufgängen und den Sonnensegeln.

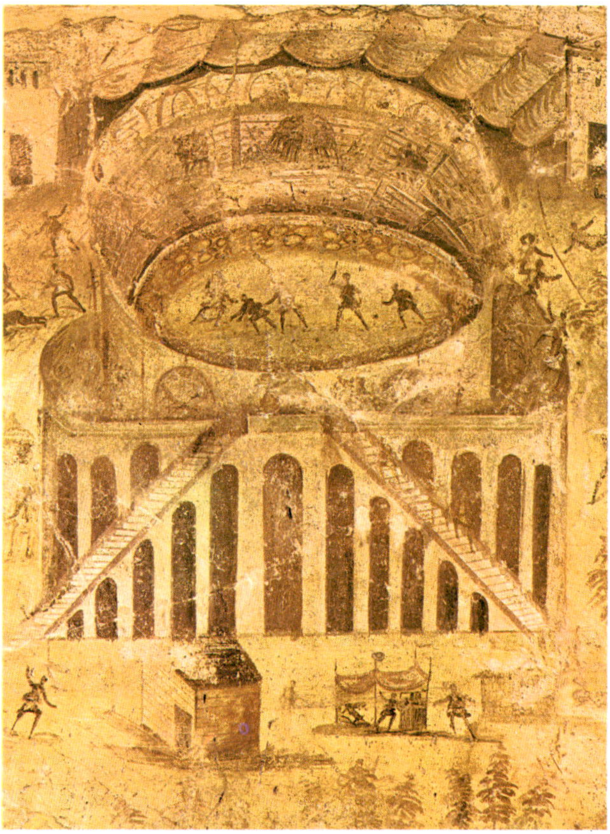

▼ Die Perspektive bei dieser Hafenansicht hat keinen einheitlichen Fluchtpunkt, wie stets bei der römischen Malerei. Die Tiefenwirkung wird durch Schräganordnung erzeugt. Die Gebäude im Hintergrund sind ein wenig kleiner dargestellt.

den Wandmalern der Insel *Delos* ist bekannt, daß sie ihre Kompositionen in drei horizontale und drei vertikale Zonen gliederten; ebenso gaben sie Architektur wieder.
Die römische Malerei der mittelrepublikanischen Zeit bot anscheinend nur einen schwachen Abglanz jener griechischen Errungenschaften, wie etwa das Wandbild eines Grabes auf dem römischen Esquilin zeigt. Die Zuwanderung griechischer Maler nach Rom seit dem späten 2. Jahrhundert v. Chr. und die Blüte der späten Republik sorgten für einen Wandel. Die Zeugnisse dafür sind an freigelegten Hauswänden in *Rom, Pompeji* und *Herculaneum* zu finden. Letztere wurden durch den Vesuvausbruch des Jahres 79 n. Chr. verschüttet und kamen erst durch neuere Ausgrabungen wieder zutage. Aufgrund die-

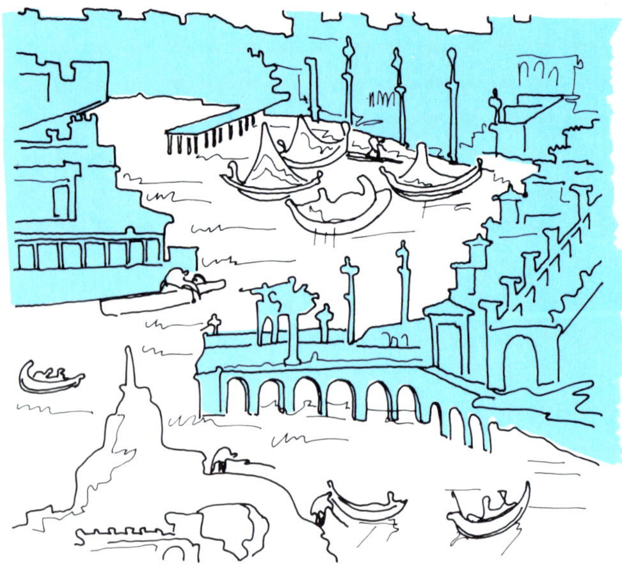

ser Funde lassen sich *4 Stile* der römischen Wandmalerei unterscheiden:
Der *Erste Stil,* der an griechische Vorbilder anschließt, bevorzugt die Nachahmung architektonischer Elemente. Die aus Delos bekannte horizontale und vertikale Dreiteilung kehrt wieder, wie bei allen Stilen der römischen Malerei. Der *Zweite Stil* behält die architektonische Rahmung

▼ Dieser Ausschnitt eines Wandgemäldes aus Stabiae bei Neapel stammt aus der Zeit um 50 n. Chr. Das Bild ist mit leichten, „impressionistischen“ Pinselstrichen gemalt. Eine derartige Malweise war in der spätrömischen Malerei weit verbreitet.

bei, öffnet jedoch „Fenster“ an den Wänden, in denen mythologische Szenen (Abb. S. 47), sowie Landschaften (Abb. S. 46) erscheinen. Der *Dritte Stil,* der um 40 v. Chr. einsetzte, verwendete reich aufgegliederte Scheinarchitektur und phantastische Szenen. Der *Vierte Stil,* der in Pompeji etwa um 63 n. Chr. blühte, mischte ältere und neue Elemente: die Behandlung der Landschaft nahm impressionistische Züge an und es wurden lokale Ereignisse kolportiert (Abb. S. 43), ebenso wurden lebende Zeitgenossen wirklichkeitgetreu wiedergegeben. Die mythologischen Szenen stammen jedoch allesamt aus der griechischen Tradition, da vermutlich auch die Maler dieser Wandbilder Griechen waren.

In *Rom,* im *Palast Neros* der Zeit um 60 n. Chr., läßt sich

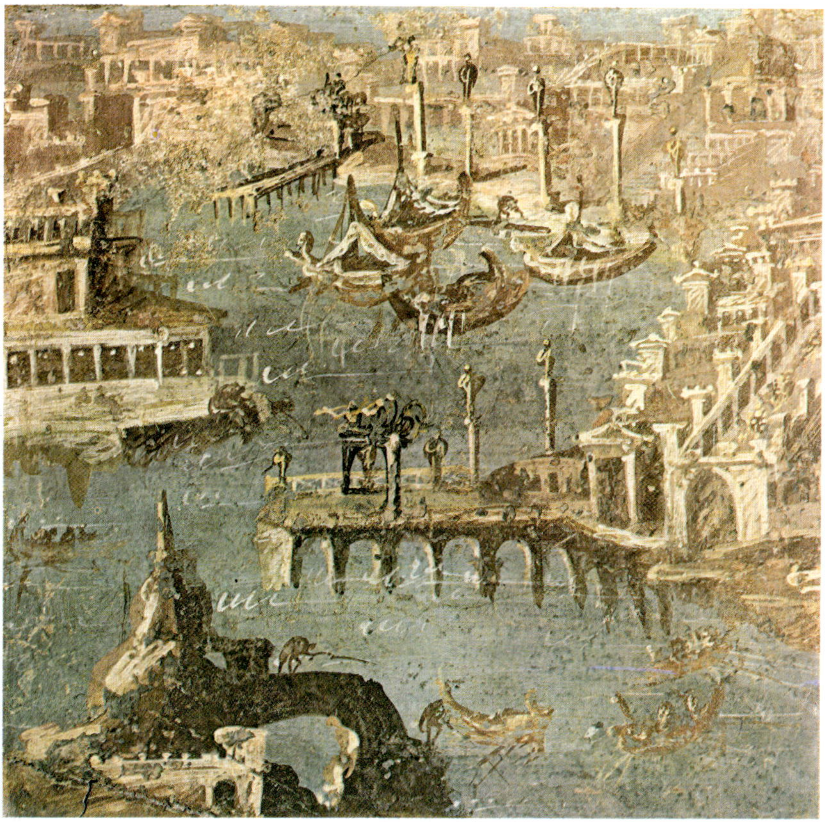

▼ Das Bestreben, die Wandfläche mit malerischen Mitteln zu durchbrechen, tritt im *Zweiten Stil* der römischen Wandmalerei auf (1. Jhd. v. Chr.). Der Maler gibt hier den Blick in einen Garten.

ein neuer Stil mit weißem Hintergrund feststellen, der mit dem pompejanischen Vierten Stil verwandt erscheint, jedoch leichter und flüssiger gemalt ist. Diese Richtung sollte sich lange halten und besonders zur Ausschmückung der römischen Grabkammern, wie der *Katakomben* des 3. und 4. Jahrhunderts dienen. Die christlichen Künstler setzten darin die überlieferte Maltechnik und die Motive für ihre eigene Kunst um. Zur Ausschmückung der Wohnräume verwendeten die Wandmaler noch generationenlang das Repertoire der Malerei des Zweiten, Dritten und Vierten pompejanischen Stils. Die Beispiele dafür sind

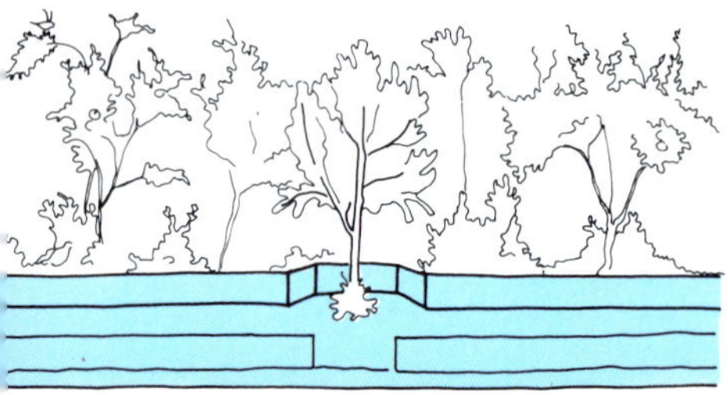

▼ Teil einer gemalten Wanddekoration aus der Zeit zwischen 40 und 25 v. Chr. in der *Villa der Livia bei Primaporta.* Dieser im *Zweiten Stil* gemalte Paradiesgarten der heiteren augusteischen Klassik zeigt Früchte aller Jahreszeiten, die hier zugleich reifen.

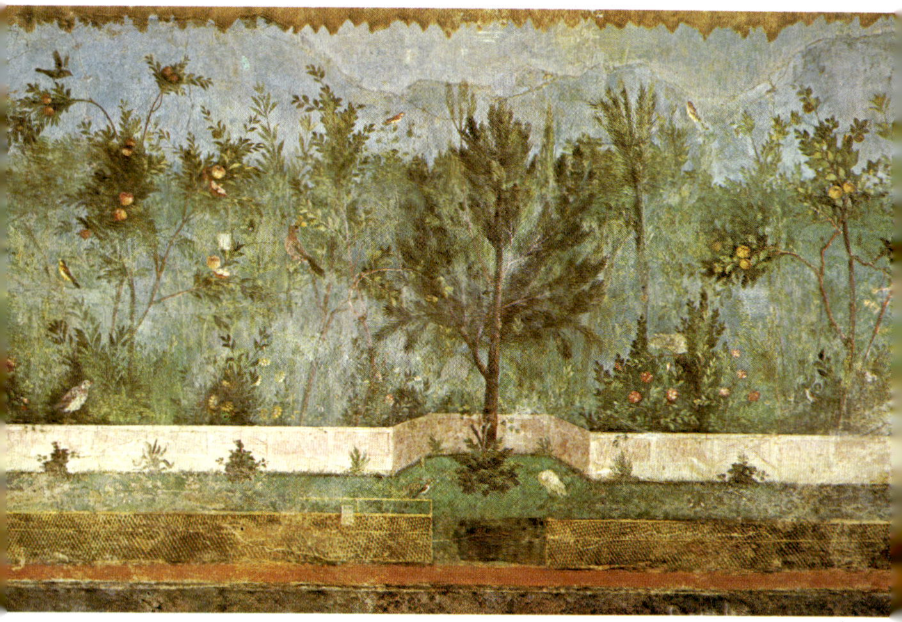

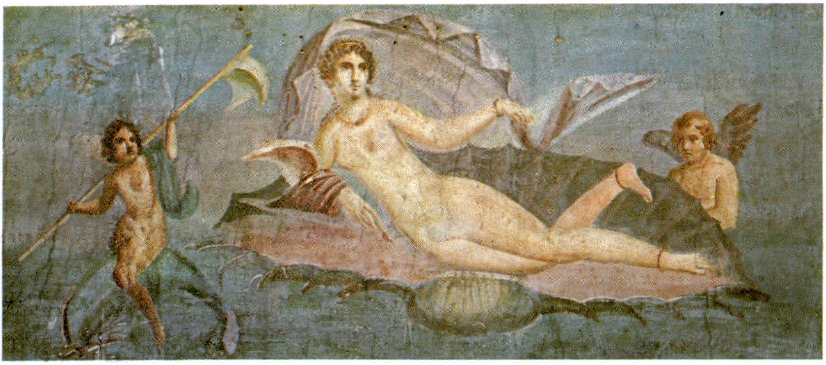

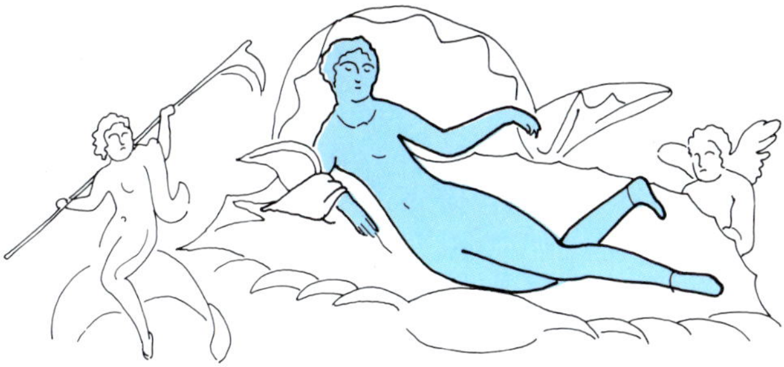

▲ ▶ Dieses Fresko stellt die Liebesgöttin Venus dar, die von zwei Putten umgeben auf einer Muschelschale ruht. Das Bild befindet sich im *Haus der Venus Marina in Pompeji*. Die Darstellung der schönen nackten Frau wurde in der griechischen Kunst erst nach 350 v. Chr. beliebt. Die zarte Schönheit der aus dem Meer geborenen Göttin wird durch die helle Hautfarbe vor dem dunkleren Himmel betont.

großenteils der Verwitterung und der Zerstörung anheimgefallen, doch lassen sich Belege in Ostia, Nordafrika und im Nahen Osten finden.

Die *Porträtmalerei* muß eine wichtige Rolle gespielt haben, wie sich aus Wandbildern von *Pompeji* und aus *Mumienporträts* aus dem römischen Ägypten schließen läßt (Abb. S. 51). Da diese Bildnisse auf Holztäfelchen und vergängliches Material gemalt wurden, gingen sie meist verloren.

Beispiele für das *Mosaik* in Wohnhäusern und öffentlichen Gebäuden lassen sich seit dem 5. vorchristlichen Jahrhundert finden. Die Mosaiksteine wurden in frischen Zement gebettet, anfangs nahm man häufig Flußkiesel und seit etwa 275 v. Chr. zugehauene Steinwürfel (*tessellae*) oder später auch kleine Glaswürfel (Abb. S. 49). Während der Antike diente das Mosaik hauptsächlich als Bodenbelag. Entweder wurde ein größeres rechteckiges Mittelbild angelegt mit umgebenden dekorativen Elementen oder der ganze Boden wurde mit teppichartigen Mu-

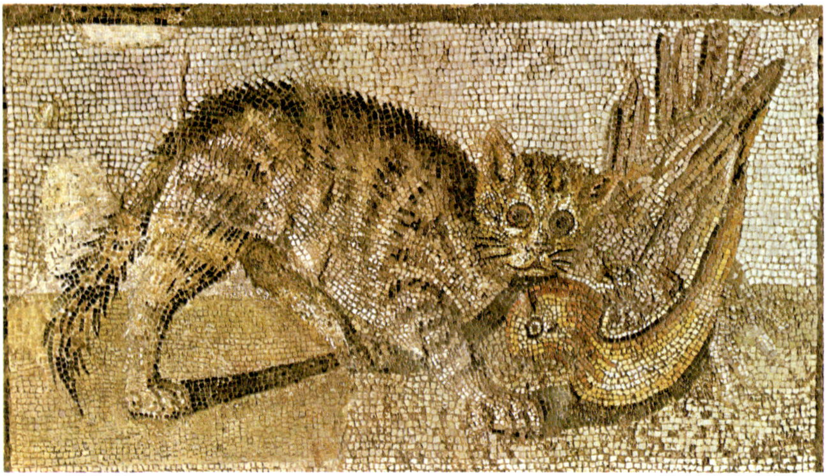

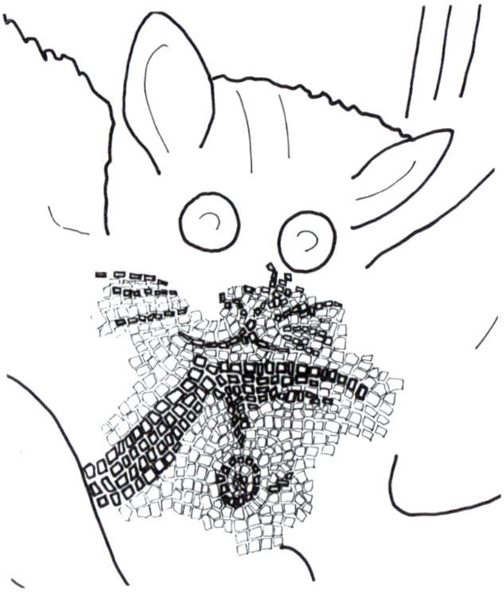

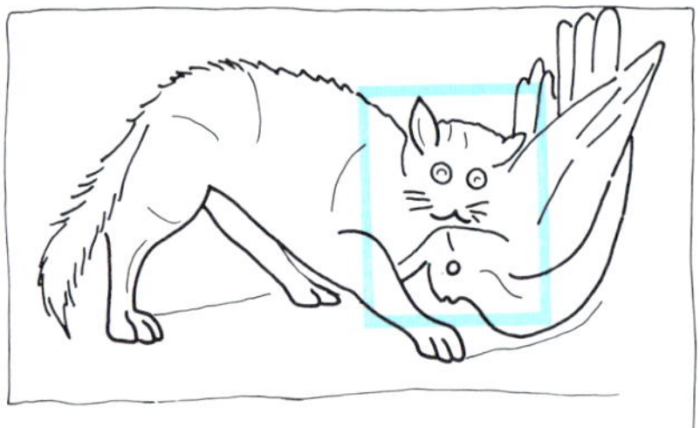

◄ ▲ Das Mosaik der *Katze mit Wachtel* stammt aus dem 2. Jahrhundert n. Chr. Es ist aus sorgfältig bearbeiteten kleinen Steinwürfeln, *tessellae,* zusammengesetzt. Die Farbtöne sind virtuos abgestimmt, um einen lebendigen und plastischen Eindruck der Szene zu erreichen.

stern bedeckt. Die herkömmlichen griechischen Themen wurden weiterhin dargestellt, doch kamen auch ländliche Motive vor, Jagd, Fischfang, Zirkusszenen (Abb. S. 5). In römischer Zeit wurde das Mosaik seit dem 1. Jahrhundert v. Chr. auch zur Dekoration von *Wänden* eingesetzt (Abb. S. 49), vor allem zum Schmuck von Nischen in Wohnhäusern und Thermen. Das *Mosaik als Wanddekoration* sollte größte Bedeutung als Schmuck der frühchristlichen und byzantinischen Kirchen gewinnen.

▼ ▶ Dieses Mosaik schmückt die Wand des Speisezimmers im sog. *Haus des Neptun und der Amphitrite in Herculaneum.* Die beiden Gottheiten sind in reicher ornamentaler Umrahmung dargestellt. Entstehungszeit ist die Mitte des 1. Jahrhunderts n. Chr. Es wurden auch Mosaikwürfel *(tessellae)* aus farbigem Glas verwendet.

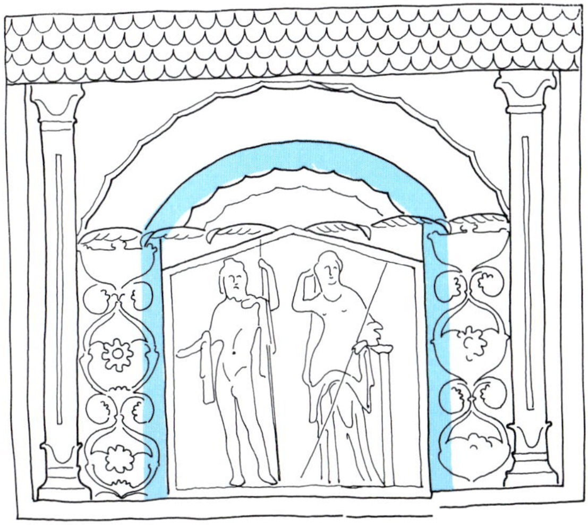

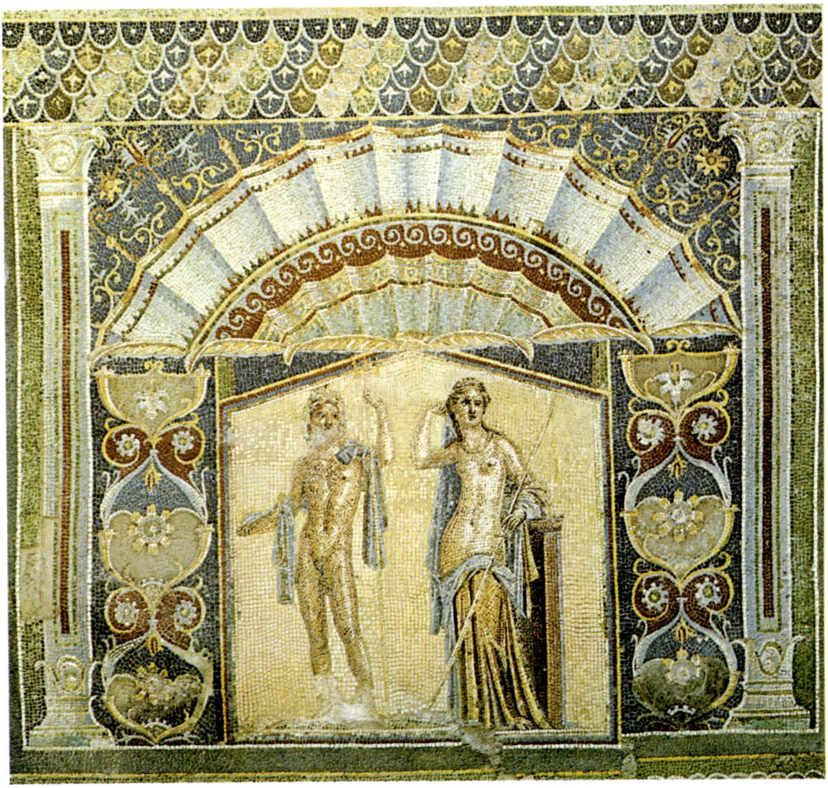

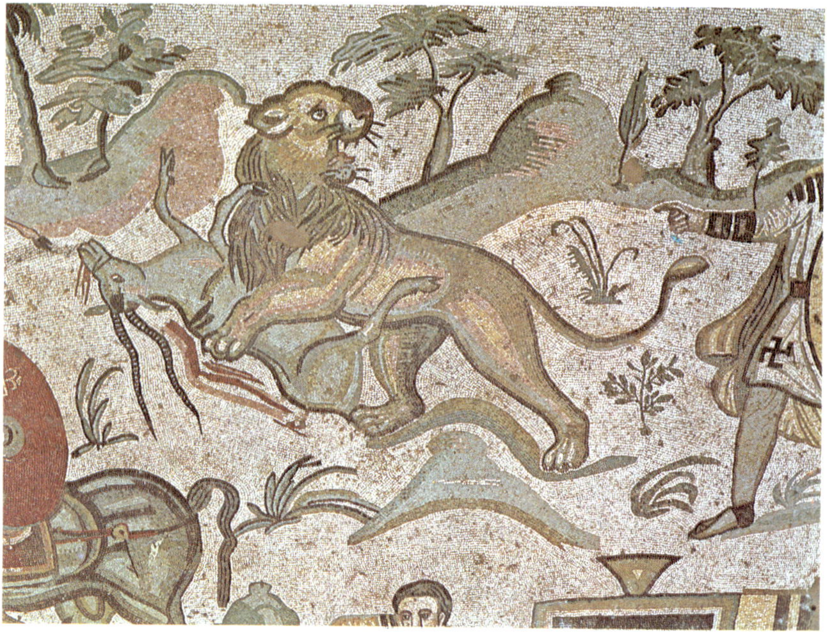

▲ Das Detail des großen *Fußbodenmosaiks* in der Villa von *Piazza Armerina in Sizilien* stammt aus der Zeit um 300–350 n. Chr. Dargestellt ist ein Löwe, der eine Antilope erbeutet hat.

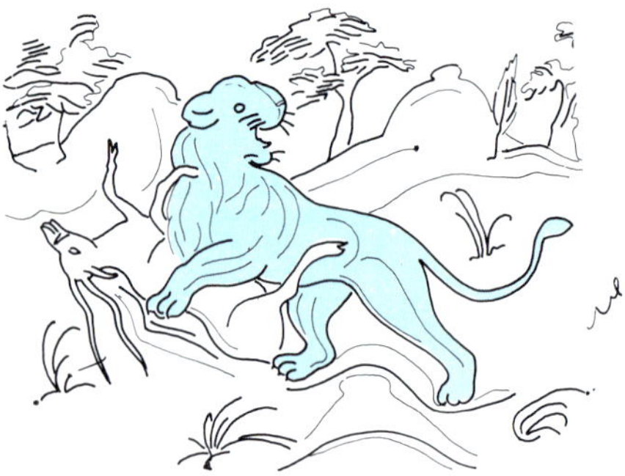

◀ Je größer das römische Imperium wurde, um so mehr nahm das Interesse für exotische Darstellungen zu. Fremde Tiere wurden aus Nordafrika und Asien importiert und von den Künstlern studiert. Zahlreiche Motive fanden ihren Niederschlag in *Musterbüchern.*

Anhand der erhaltenen römischen Wandgemälde und Mosaiken läßt sich eine stilistische Entwicklung feststellen, eine zunehmende Beschäftigung mit illusionistischen Wirkungen, ebenso eine größere Freiheit im Umgang mit Motiven und Technik. Die häufige Wiederholung bestimmter Motive läßt vermuten, daß es *Musterbücher* gab, in denen Vorlagen aufgezeichnet waren. Die römische Kunst schätzte auf allen Gebieten die „Interpretation" berühmter

Vorbilder zum eigenen Nutzen. Diese Tatsache macht es oft schwer, exakt zwischen dem Stil des Vorbildes und dem der Entstehungszeit zu unterscheiden. Mit der Ausdehnung des römischen Weltreichs nahm auch der Austausch von Künstlern und Stilen zu.

▶ Die wenigen *gemalten römischen Porträts,* die auf Fresken und als Mumienbilder auf Holz im römischen Ägypten erhalten blieben, sprechen dafür, daß die römische Bildnismalerei einen ebenso hohen Rang gehabt haben muß, wie die Bildnisbüsten aus Bronze und Marmor.

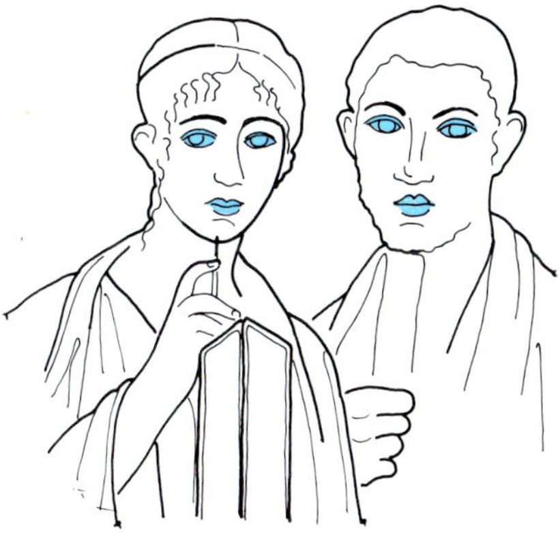

▶ Dieser Ausschnitt eines Wandgemäldes aus Pompeji aus der Mitte des 1. Jahrhunderts n. Chr. zeigt Terentius Neo und seine Frau. Mit seiner realistischen Auffassung und der lebendigen Charakterisierung repräsentiert es eine künstlerische Freiheit, die erst wieder in der Renaissance erreicht wurde.

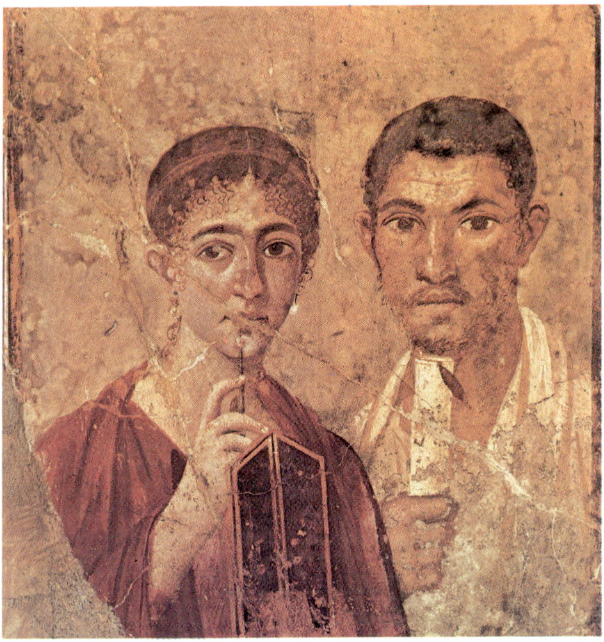

Die Angewandte Kunst

▼ Die Römer waren traditionsbewußt. Der legendäre König Numa soll die Priesterschaft der Salii begründet haben, deren Aufgabe es war, dem Kriegsgott Mars zu dienen. Alljährlich zu Beginn des Monats März trugen die Salii 12 heilige Schilde aus dem Marstempel um die Stadt Rom, um deren Gedeihen zu gewährleisten. Die Kunst des Gemmenschneiders hielt diese Szene fest.

Das römische Imperium garantierte jahrhundertelang eine gefestigte Staatsordnung und wirtschaftlichen Wohlstand. Unter diesen günstigen Voraussetzungen konnten die Künste aufblühen. Das Kunsthandwerk hatte schon eine große – griechische und östliche – Tradition, die nun in den Dienst der Römer gestellt wurde.

Beliebt waren geschnittene Halbedelsteine, *Gemmen,* die in Fingerringe eingesetzt wurden. Als Werkzeuge dienten Rädchen und Bohrer verschiedener Art. Die griechischen Götter wurden weiterhin dargestellt sowie mythologische Szenen, Redner, Philosophen. Viele der Steine dienten als Siegel und Amulett. Außerdem kamen auch typisch römische Motive auf: Opferdarstellungen und Kaiserporträts. Seit hellenistischer Zeit wurden auch *Kameen* beliebt: die Darstellung wurde nicht eingegraben, sondern reliefartig

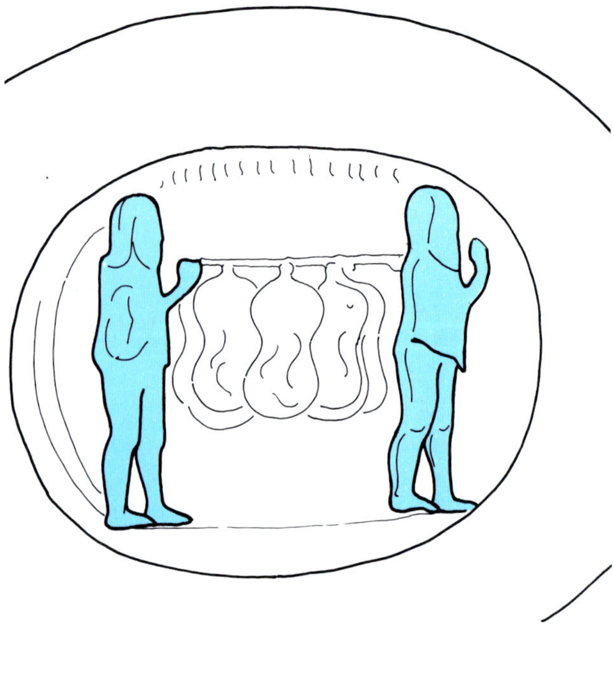

erhaben herausgearbeitet. Der *Sardonyx* war für diese Technik besonders geeignet (Abb. S. 55).
Das Geschick der *Stempelschneider* wurde auch in den Dienst der *Münzprägung* gestellt. Die *römischen Münzen* wurden von Hand mit einem Prägestempel durch Hammerschlag geprägt. Die Münzprägung diente ebenfalls der staatlichen Propaganda: Die Münzbilder stellten oft die einzige Verbindung zwischen den Herrschern und ihren Provinzen dar. Es gab Münzen aus Gold, Silber und Bronze von unterschiedlichem Wert.
Groß war bei steigendem Wohlstand auch der Bedarf an verschiedensten Schmuckstücken, an Prunkgeschirr und Prunkwaffen. Die verschiedensten Schmiedetechniken kamen zur Anwendung, auch sie hatten eine lange Tradition. Es wurde gegossen, getrieben, gehämmert, gepunzt, graviert, ziseliert. Die Granulation war bekannt, ebenso Filigran und Einlegearbeit. Es gab die verschiedensten Diademe, Ohrringe, Ketten, Armreifen, Fingerringe, Broschen,

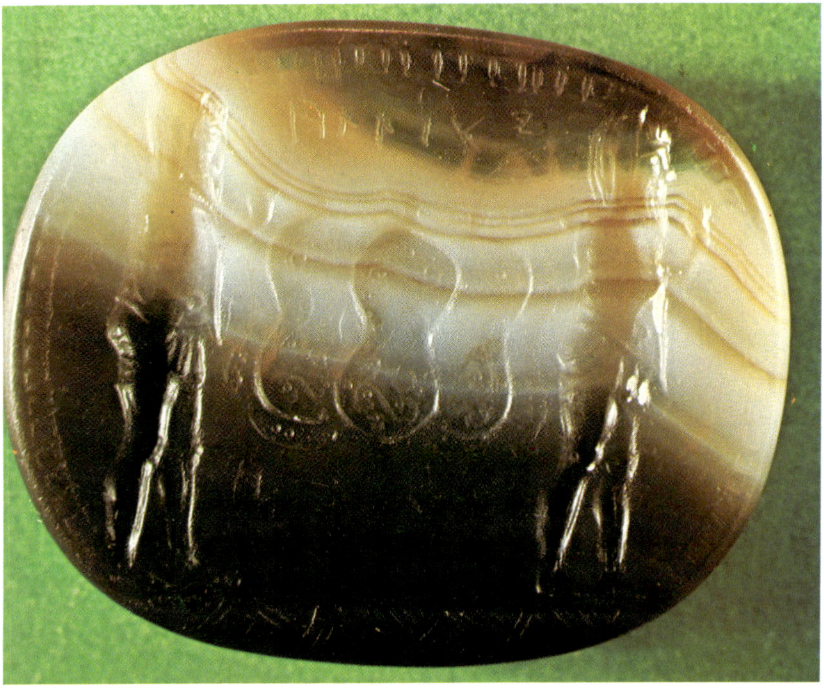

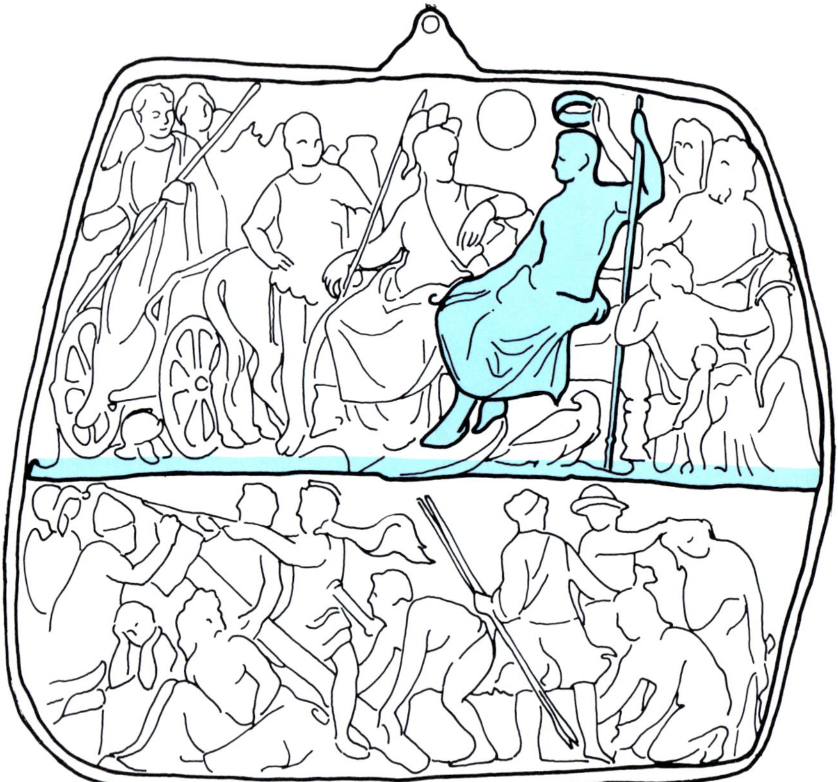

▲ Die *Steinschneidekunst* erreichte seit hellenistischer Zeit höchste Verfeinerung. Als Material wurde häufig Sardonyx verwendet, da dieser Halbedelstein hauchfeine Oberflächenwirkungen zuläßt. Dargestellt wurden häufig Verherrlichungen der Herrscher und Götter mit unübersehbarem Propagandaeffekt.

Nadeln und Gürtel als weiblichen Schmuck. Gold, Silber, Kupfer und Bronze wurden dazu verarbeitet. Der hellenistische Bereich hatte zahlreiche griechische und orientalische Kunstfertigkeiten aufgenommen; die Vorliebe für die Verarbeitung farbiger Edelsteine und Halbedelsteine kam hinzu. Die Kunstwerke der an Wirklichkeitstreue interessierten Römer geben Aufschluß über den Wandel der Moden. In den einzelnen Provinzen gab es traditionelle Sonderformen, so den überreichen Halsschmuck und die Armreifen Syriens oder die Gewandnadeln, Halsringe und Fibeln der Kelten.

Die römische *Einrichtung* beschränkte sich auf wenige Möbel. Die Ausgrabungen von *Pompeji* und *Herculaneum* geben darüber guten Aufschluß. Es gab nach griechischem Vorbild *Klinēn*, sofaartige Möbel, die bei den

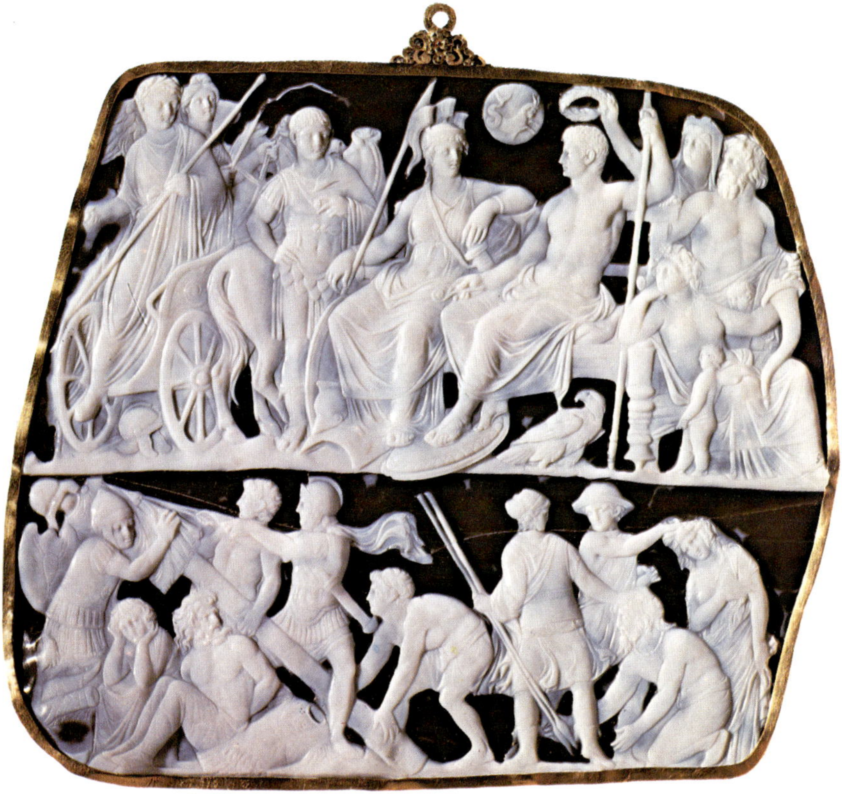

▲ Diese *Kamee* (erhaben geschnittener Stein) aus arabischem Onyx, die *Gemma Augustea,* wurde von einem griechischen Steinschneider zwischen 10 und 37 n. Chr. geschaffen. In der oberen Szene ist der Kaiser Augustus in göttlicher Apotheose dargestellt, in der unteren richten römische Legionäre ein Siegeszeichen (Trophäe) auf.

Mahlzeiten als Lager benutzt wurden, Armsessel und Tische sowie Truhen und Kästen. Hölzerne Schränke waren kaum in Gebrauch, doch kannte man verschließbare Wandnischen. Im Haus wurden die Wachsmasken verstorbener Ahnen aufbewahrt sowie die Figuren von Schutzgöttern. Auch auf diesem Gebiet gewannen die griechischen Vorbilder Einfluß. Die Kunsthandwerker verarbeiteten Holz und Bronze, Elfenbein, Steine und Glas. Wenige der Gegenstände aus vergänglichem Material konnten die Zeiten überdauern. Ausstattungsstücke, die zur Aufstellung im Freien bestimmt waren, wie Sockel, Tische, Sitzbänke wurden aus dauerhaftem *Marmor* geschaffen.

Glas war beliebt für die verschiedensten Gefäße. Bis etwa 50 v. Chr. beschränkte man sich meist auf herkömmliche

▼ ▶ Die nach einem Sammler benannte *Portlandvase* aus farbigem Glas ahmt in der Dekoration die hochgeschätzte Steinschneidekunst nach. Dieses um 30 n. Chr. geschaffene Meisterwerk ist ein weiteres Beispiel des augusteischen Klassizismus.

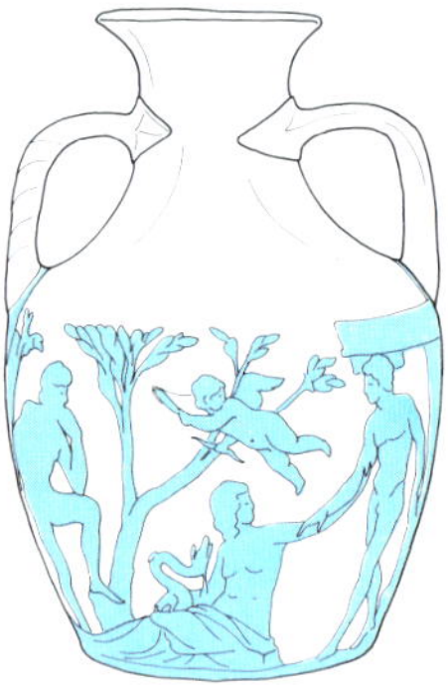

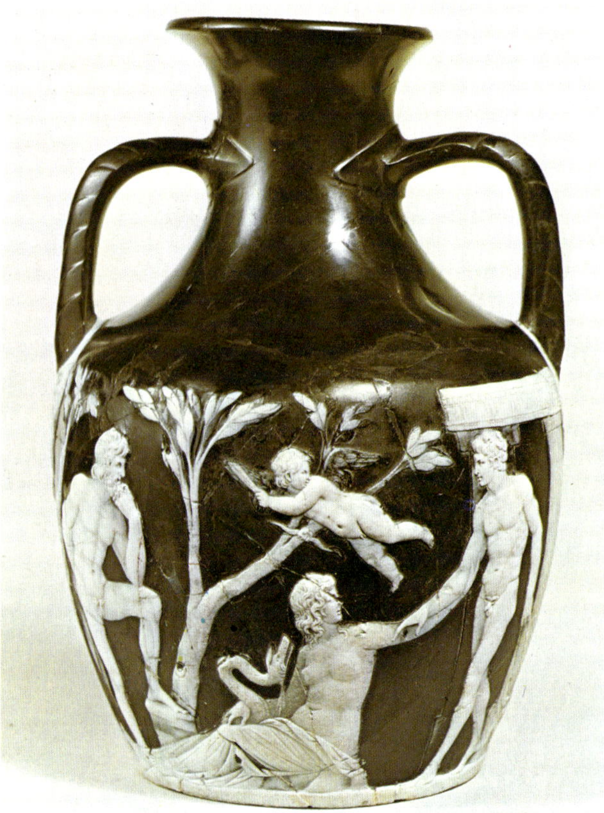

Techniken wie das Pressen in eine Form oder das Formen eines Gefäßes um einen Sandkern. Seit der Mitte des 1. vorchristlichen Jahrhunderts wurden in Syrien neue Techniken, wie das *Glasblasen*, entwickelt. Verzierungen wurden aufgeschmolzen und das Schleifen und Schneiden zur Verzierung des Glases nahm zu. Es gelang, durchsichtiges Glas herzustellen sowie die verschiedensten Tönungen zu erzielen, auch wurden Schichten von opakem weißem Glas über dunkelgrundige Gefäße gelegt und dann die Ornamente herausgeschliffen. Die kostbaren Gefäße nahmen dadurch das Aussehen von Kameen und Halbedelstein an. Die Gefäßformen wurden z. T. von der *Töpferei* und der Silberschmiedekunst beeinflußt.

▼ ▶ Das *Glas* war in der Römerzeit ein begehrtes Material. Es wurden daraus die verschiedensten Gefäßtypen hergestellt, darunter auch große Aschenurnen. Führende Manufakturen gab es in Syrien, doch blühte die Glaskunst auch in den Provinzen, wie z. B. im Rheinland.

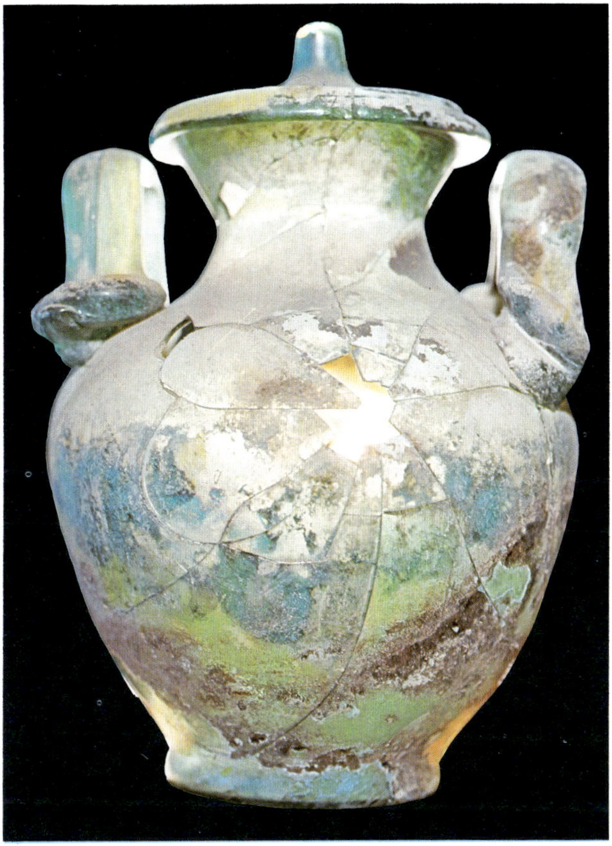

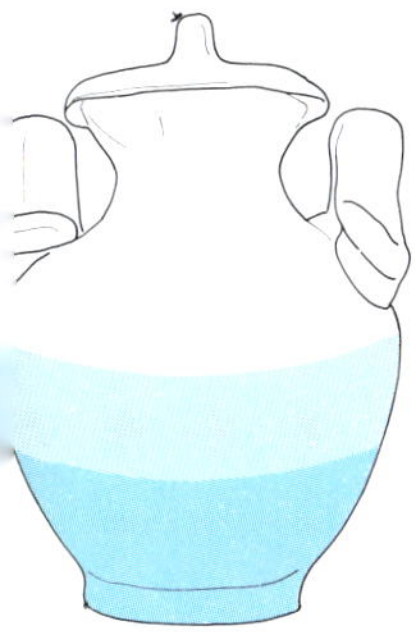

Besonders begehrt waren von den *Silberschmieden* hergestellte *Prunkgefäße,* die den Wohlstand ihrer Besitzer dokumentierten und die festlichen Tafeln schmückten. In Kriegszeiten konnten solche Schätze vorsorglich von ihren Besitzern vergraben werden, dadurch kamen sie durch glücklichen Zufall nach vielen Jahrhunderten wieder zum Vorschein. Plinius berichtet bereits von diesem bedeutenden Kunstgewerbe. Das Tafelgerät wohlhabender Römer konnte zahlreiche Gegenstände umfassen: Schüsseln, Platten und Becher, Schalen und Krüge. Kostbarer Tafelschmuck war ein vielbeachtetes Statussymbol. Relativ viele Beispiele aus dem 1. bis 4. Jahrhundert n. Chr. sind bekannt.

▼ Das *Prunkgeschirr* aus Silber, das bei den wohlhabenden Römern beliebt war, ging auf griechisch-hellenistische Vorbilder zurück. Die meisten Funde stammen aus vergrabenen Schätzen.

Die römische *Silberschmiedekunst* nutzte die Errungenschaften des Hellenismus. Die Schlichtheit der griechischen Klassik war längst vergessen und orientalische Üppigkeit machte sich breit. Reicher, ornamentaler Schmuck war beliebt, dekorative Wirkungen und die malerische Oberflächenauflockerung. Hoch geschätzt wurde die handwerkliche Virtuosität, in deren Dienst alle Techniken gestellt wurden. Mit Punzen, Hämmern und Glätten erhielten die Gegenstände ihren letzten Schliff. Auch die Vergoldung war bekannt. Sowohl die mythologischen Szenen als auch die Ziermotive stammten großenteils aus dem hellenistischen Formenschatz, wenn auch mit der

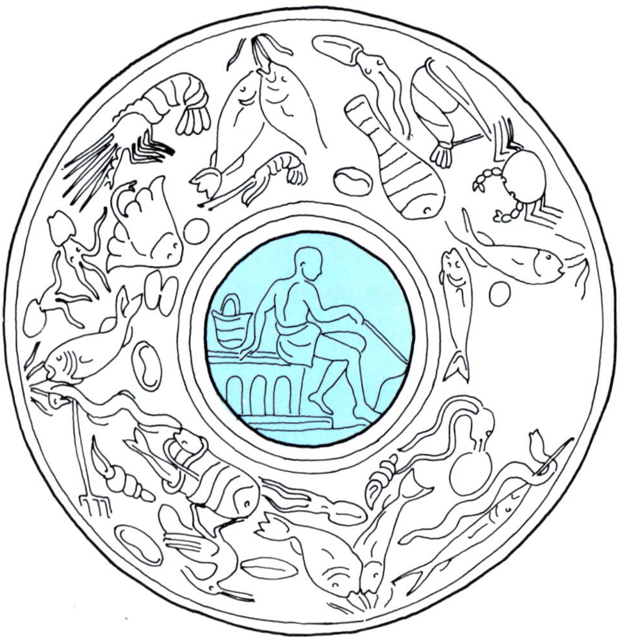

Zeit die römischen Gottheiten und Kulte Eingang fanden. Der Umkreis von *Pompeji* hat sich wiederum als Fundgrube erwiesen. Hier sind nur Gegenstände aus der Zeit vor dem verheerenden Vulkanausbruch von 79 n. Chr. zu erwarten. Die Schatzfunde aus den römischen Provinzen sind dagegen dem Zufall zu verdanken und von unter-

▼ Diese *Schüssel* aus der Zeit um 170–200 n. Chr. wurde zusammen mit anderem Silbergeschirr in Lovere in Norditalien gefunden. Diese Treibarbeit weist ein graviertes Mittelfeld mit einem Fischer auf.

schiedlicher Qualität. In spätrömischer Zeit läßt sich häufig ein Nachlassen der Meisterschaft und die routinierte Nachahmung größerer Vorbilder feststellen.

Gefäße aus Edelmetall und aus Glas waren bei den Römern beliebter als die herkömmliche Töpferarbeit. Die große Blüte der griechischen Vasenmalerei, die zwischen 700 und 300 v. Chr. ihre Meisterleistungen hervorgebracht hatte, setzte sich nicht fort. Die Welt war reicher und größer geworden: Alexander d. Gr. hatte die Reichtümer des Orients erschlossen. Für die üppigen römischen Gastmähler der späteren Kaiserzeit genügten einfache Tongefäße nicht mehr, das Auge mußte durch den Glanz

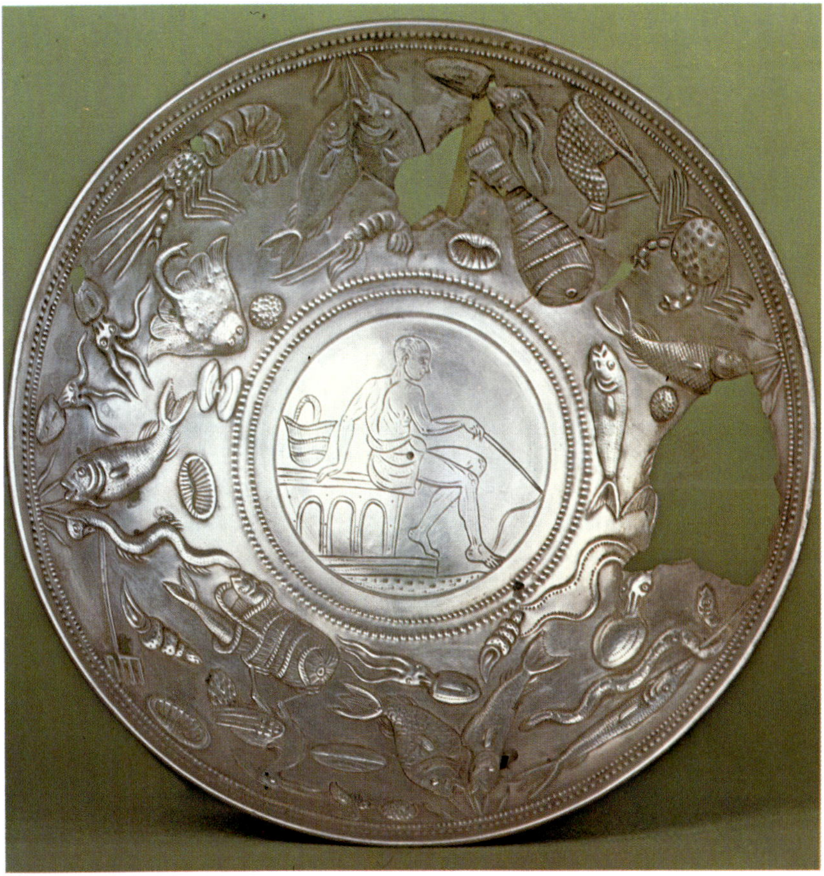

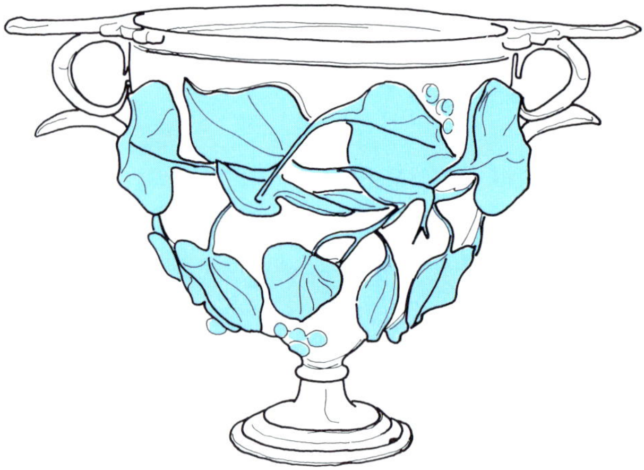

▲ Die Silberschmiede in römischer Zeit schufen auch ansehnliche *Weinbecher* im Auftrag der Oberschicht, die damit ihren Geschmack und Reichtum dokumentierte. Die Technik griff auf hellenistische Vorbilder zurück.

und die bizarren Formen von Edelmetallen verwöhnt werden. Wer Prunkgefäße aus Bergkristall und geschliffenen Halbedelsteinen oder täuschende Glasimitationen besaß, war ebenso stolz darauf.

In einzelnen Gegenden bemühten sich die *Töpfer,* sich dem Zeitgeschmack in ihrer Produktion anzupassen. Gefäße, die durch ihre Form und ihren Reliefschmuck an die begehrten Metallformen erinnerten, hatten am ehesten eine Chance. Die Töpfer von *Arretium* (Arezzo) in Norditalien, die zwischen 30 v. Chr. und 30 n. Chr. besonderen Erfolg hatten, wurden auch in den Provinzen nachgeahmt. Die *Terra sigillata* beherrschte dann generationenlang den Markt. Ihre Gefäße wurden in die Form gepreßt. Sie haben flachen Reliefdekor und einen typischen, siegellackartig glänzenden Rotton. Ferner gab es tiefschwarze Gefäße und solche mit weiß oder gelb gemaltem Ornament. In den einzelnen Provinzen entwickelten sich unterschiedliche Formen und Stile.

Das *römische Kunsthandwerk* nahm sich der verschiedensten Gattungen an. Die Metallbearbeitung wurde beson-

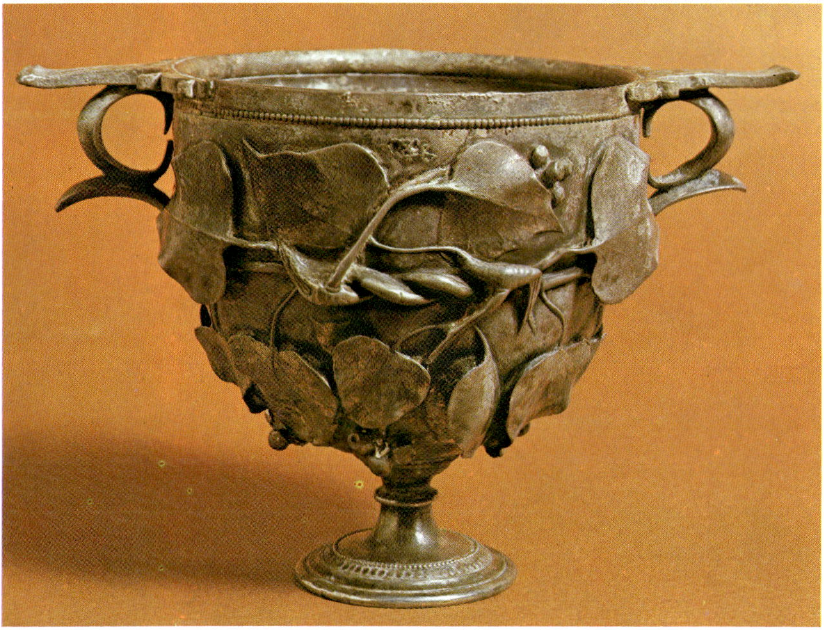

▲ Dieser *Silberbecher* stammt aus dem *Schatz von Boscoreale*. Er wurde im frühen 1. Jahrhundert n. Chr. geschaffen. Auf das getriebene Gefäß sind plastische Efeuzweige und Blätter aufgelegt. Die Silberschmiede der augusteischen Zeit hatten höchste Verfeinerung erreicht.

ders gefördert. Es gab Waffen und Rüstungen aus Bronze und Eisen, ebenso die verschiedensten Werkzeuge und Geräte für den militärischen und zivilen Bedarf: Küchengerät, Zaumzeug, Zangen, medizinische Instrumente. Prunkrüstungen und Helme wurden mitunter im Bereich römischer Militärlager wieder ausgegraben. Die Herstellung kostbarer *Stoffe* hatte eine alte Tradition, jedoch ist das vergängliche Material nur noch in kümmerlichen Resten erhalten. Aus der Literatur sind dagegen zahlreiche Zeugnisse bekannt. Die *Textilkunst* des Orients war uralt und unübertroffen. Man fertigte Stoffe und Gewänder aus Leinen und Seide, die verschiedensten Farben waren bekannt. Händler importierten Kostbarkeiten aus entfernten Gegenden. Auf allen Gebieten des Kunsthandwerks erwiesen sich die Römer als Meister. Der verfeinerte Geschmack war ihnen weniger wichtig als die imposante Wirkung. Sie nutzten die italischen Traditionen wie die griechische Vollkommenheit für ihre Zwecke und hinterließen einen breiten kulturellen Fundus, aus dem die Völker Europas immer wieder Anregungen schöpften.

Fachausdrücke

Apotheose: Vergöttlichung. Die Römer stellten ihre Herrscher wie Götter dar.

Architrav: Waagerechter Balken, der auf Säulen und Pfeilern direkt aufliegt.

Arretinische Gefäße: (Terra sigillata). Gebrauchsgeschirr aus gebranntem Ton mit rotglänzendem Überzug. Blüte in den Werkstätten von Arretium (Arezzo, 1. Jhd. n. Chr.).

Atrium: Das Atrium war ursprünglich der Hauptraum des römischen Hauses mit einer Dachöffnung. Ab dem 2. Jh. v. Chr. wird das Atrium zur Vorhalle des römischen Hauses.

Attika: In der römischen Architektur Fassadenelement über dem Gesims.

Basilika: Halle mit erhöhtem Mittelschiff und zwei Seitenschiffen. Bei den Römern Gerichts-, Geschäfts- oder Marktraum.

Bronze: Legierung aus Kupfer und Zinn im Verhältnis 9 : 1.

Cella: Rechteckiger Hauptraum des antiken Tempels.

Cardo: Hauptstraße einer römischen Stadt in Nord-Süd-Richtung.

Decumanus: Hauptstraße einer römischen Stadt in Ost-West-Richtung.

Dorische Ordnung: Eine der griechischen Ordnungen. Charakteristisch sind die scharfgratig kannelierten Säulen ohne Basis, die Kapitelle mit Echinus und Abakus, der Triglyphen-Metopen-Fries.

Emblem: In der ursprünglichen Bedeutung Einzelteil eines Mosaiks. Sinnbild.

Enkaustik: Wachsmalerei. Um Farben wetterfest zu machen, werden sie mit Wachs auf dem Malgrund erhitzt.

Filigran: Zierform, bei der dünne Drähte auf Metall gelötet werden.

Forum: Marktplatz einer römischen Stadt.

Fresko: (fresco = frisch). Technik der Wandmalerei, bei der die Kalkfarbe auf den noch nassen Putz aufgetragen wird. Die Farbe wird somit fester Bestandteil der Wand.

Fries: Waagerecht um den Bau verlaufendes Ornament- oder Figurenband.

Gemme: Geschnittener Stein mit eingetiefter Darstellung.

Granulation: Verzierungstechnik, Metallkügelchen werden aufgelötet.

Gußmauerwerk: Von den Römern entwickelte Massivbauweise, deren gemauerte Wandung mit Bruchsteinmaterial oder Mörtel ausgefüllt wird.

Hellenistische Kunst: Stilstufe der griechischen Kunst, 323 v. Chr.–31 v. Chr., zwischen Alexander d. Gr. und Augustus, die auf den klassischen Stil folgt.

Hypokausten: Römische Fußbodenheizung.

Kamee: Geschnittener Stein mit reliefartig erhabener Darstellung.

Kompositkapitell: Römisches Kapitell, verbindet den korinthischen Blattkranz mit den ionischen Voluten.

Peristyl: Ein von Säulen umgebener (Wohn-) raum bzw. Säulenhof.

Pilaster: Pfeilerförmige Wandvorlage. Dient zur Verstärkung und Gliederung der Wand, fest mit dieser verbunden.

Podium: Erhöhte Plattform, auf welcher der römische Tempel steht.

Portikus: Überdachter, offener Vorraum eines Gebäudes, der von Säulen oder Pfeilern getragen wird.

Relief: Plastische, erhabene Herausarbeitung vor einer Fläche. Die kleinsten Formen sind Gemmen und Münzen, größere Medaillen und Plaketten.

Sarkophag: Großer Sarg, meist aus Stein.

Stuck: Masse aus Gips, Kalk und Sand, wird als Material für Innen- oder Außendekorationen verwendet.

Tablinum: Speiseraum des römischen Hauses.

Terrakotta: Keramische Technik, gebrannter Ton, der nicht glasiert, aber hart gebrannt wird.

Tessellae: Würfelförmige Mosaiksteine.

Travertin: Italienischer Kalkstein.

Tuskanische Ordnung: Architektonische Ordnung mit dorischen Säulen ohne Kanneluren.

Verismus: Darstellungsform mit krasser Wirklichkeitswiedergabe.

Bibliographie

Bianchi Bandinelli, R. Die römische Kunst. München 1975.

Bruhns, L. Die Kunst der Stadt Rom. Wien 1972.

Heintze, H. von Römische Kunst. Stuttgart 1969.

Jucker, H. Vom Verhältnis der Römer zur bildenden Kunst der Griechen. Frankfurt a. M. 1950.

Kähler, H. Rom und seine Welt. 2 Bde. München 1958–1960.

Kraus, Th. Das römische Weltreich. Propyläen Kunstgeschichte Bd. 2. Berlin 1967.

L'Orange, H. P. und P. J. Nordhagen Mosaik. München 1960.

La Baume, P. Römisches Kunstgewerbe. Braunschweig 1964.

Lübke, W. und E. Pernice Die Kunst der Römer. Neuauflage. Wien 1958.

Parlasca, K. Mumienporträts und verwandte Denkmäler. Wiesbaden 1966.

Poulsen, V. Römische Kunst. Königstein i. T. 1964.

Schefold, K. Pompejanische Malerei. Basel 1952.

Ward-Perkins, J. B. Architektur der Römer. Stuttgart 1975.

Museen

Barcelona, Museum: 5. Florenz, Archäologisches Museum: 53. London, British Museum: 56. Mailand, Museum: 59. Neapel, Museum: 43, 45, 51, 61. Ostia, Museum: 31, 57. Rom, Kapitolinisches Museum: 27, 30. Rom, Museo Nazionale: 32, 48. Rom, Thermenmuseum: 46. Rom, Vatikanische Museen: 29, 33. Rom, Via di Ripetta: 36, 37. Wien, Kunsthistorisches Museum: 55.

Register

Die kursiven Zahlen sind Abbildungsnummern

Agrippa 9
Amphitheater *4, 14,* 15, 23, 43
Aquädukt 14, *18, 19,* 24
Arretinische Gefäße (Terra sigillata) 60, 62
Atrium 20, *21,* 22, 62
Attika 4, 17, 62
Augustus, Kaiser 3, 9, 18, 30, *32, 33,* 34, 36, 38, 55
Aurelian, Kaiser 14
Basilika 12, *13,* 18, 24, 62
Baumaterialien 6–10, 14, 19
Benevent, Trajansbogen 38
Bronzeskulptur 26, *27,* 28, 30, 34, *35,* 51
Brutus, Lucius Junius 26, *27*
Byzanz (Ostrom) 3
Cardo 15, 62
Cella 6, 7, 8, 18, 62
Decumanus 15, 62
Delos, Wandmalerei 44
Domitian, Kaiser 18, 25, 38, 39
Dorische Ordnung 4, 12, 62
Enkaustik 43, 62
Etruskische Kunst 3, 4, 8, 28, 43
Faustina d. J., Porträt *30*
Forum 15, 17, 18, 24, 39, 62
Fresko 43, 47, 51, 62
Gemma Augustea *55*
Gemmen 52, *53,* 54, *55,* 62
Gewölbe 10, 12, 13
Glaskunst 55, *56, 57*
Griechische Kunst
- Angewandte Kunst 55, 58, 60
- Architektur 4, 6–10, 16, 18
- Malerei 42, 47, 59
- Skulptur 26–28, 30, 32, 36, 37

Gußmauerwerk 8, 9, 10, 12, 13, 14, 18, 20, 22–25, 62
Hadrian, Kaiser 9, 17, 20, 25, 34, 40
Hadrianswall 14
Haus der Venus Marina, Pompeji, Fresko *47*
Haus des Neptun und der Amphitrite, Herculaneum, Mosaik *49*
Herculaneum 22, *23,* 44, 49, 54
Hypokausten 25, 62
Ionische Ordnung 4, 7, 12
Julius Caesar 18

Kameen 52, *55,* 56, 62
Kastell, röm. 14
Katakomben 46
Kompositordnung 12, 62
Konstantin 13, 17, 34, 35, 39
Korinthische Ordnung 4, 11, 12, 17, 20
Kuppelbau 10, *11,* 20
Legionen, röm. 3, 13, 14, 35
Limes 14
Marc Aurel, Kaiser 17, 30, *35,* 39, 40
Maxentius, Kaiser 13, 17, 39
Mosaiken *5,* 13, 24, 25, 42, 47, *48, 49, 50*
Münzen 53
Mumienporträts 47, *51*
Nero, Kaiser 25, 34, 43, 45
Nerva, Kaiser 18
Orange, Triumphbogen *16,* 38
Ostia, Wohnblocks 23, *24,* 25, 31, 47
Peristyl 20, 22, 62
Perspektive 42, 43, 44, 45, 46
Piazza Armerina, Villa, Mosaik *50*
Plinius 42, 57
Pompeji 15, 20, *21,* 23, 24, 43, 44, 45, 47, 51, 54, 58
Pompejanische Stile 44, 45, 46
Pont du Gard (Provence) *18, 19*
Portlandvase *56*
Porträt 26, *27,* 28, *29, 30,* 32, 34, 36, 37, 38, 47, 51
Propagandakunst 16, 27, 30, *31,* 32, *33,* 34, *35,* 38, 53, 54
Quadriga *5*
Reiterstandbild 34, *35*
Relief *5,* 16, 17, 27, 35, *36, 37,* 38, *39,* 40, *41,* 62
Rom 3, 5, 15, 18, 23, 24, 27, 28, 32, 37, 38, 44, 45, 52, 53
- Ara pacis *36, 37,* 38
- Kapitolsplatz 35
- Kolosseum *4, 14,* 17
- Konstantinsbogen *17,* 38, 39
- Marc Aurelsäule 39, *40*
- Maxentiusbasilika 12, *13*
- Palatin 25
- Pantheon 8, *9,* 10, *11,* 20
- Titusbogen 38, *39*
- Trajanssäule 39, 40, *41*
- Via Ostiensis 25

Romulus und Remus 3
Sarkophag 37, 62
Septimius Severus, Kaiser 41
Silberschmiedekunst 57, 58, *59,* 60, *61*
Stabiae 23, 45
Stuck 10, 12, 13, 23, 25, 62
Suovetaurilia 5
Tablinum 22, 62
Tacitus 43
Tempel, röm. 6, *7,* 18, 27
Tempera 43
Terentius Neo und Frau, Porträt *51*
Terrakotta 8, 28, 62
Thermen 24
Thessaloniki, Galeriusbogen 39
Tiberius, Kaiser 16, 38
Titus, Kaiser 38, 39
Trajan, Kaiser 17, 18, *31,* 34, 38, 40
Triumphbogen *16, 17,* 23, 34, 38, *39*
Tuskanische Ordnung 4, 12, 62
Vespasian, Kaiser 18
Vesuvausbruch 22, 23, 44
Villa der Livia (bei Primaporta) *46*
Vitruv 16, 42
Wandmalerei (röm.) 13, 23, 24, 25, 42, 43, 44, *45, 46,* 47, 50, 51
Wohnhaus, röm. 20, *21,* 22, *23–25*

Fotonachweis

British Museum, London: 56. Cauchetier: 1[illegible] 19. Costa: 24, 25, 39, 59. O.P.I.: 9, 47. Ri[illegible]zoli: 5 (unten), 7, 13, 16, 17, 27, 29, 36, 3[illegible] 43, 45, 48, 49, 53, 55, 57. Rizzoli-Costa: 4[illegible] Scala: 4, 5 (oben), 11, 14, 21, 23, 30–33, 4[illegible] 46, 50, 51, 61.